Law for Archaeologists
# 考古学のための法律

Yayoi HISASUE
久末弥生

日本評論社

# はじめに

　考古遺産は、人間の生きた証であり、人類ひいては地球の財産である。世界文化遺産における日本の評価が国際的に高まっている昨今、日本の考古学界の世界的な評価もまた、高まりつつある。しかし、日本の考古学の現場では、行政に悩まされることが少なくない。例えば、発掘調査費用の負担問題、発掘調査による出土品の評価や所有権の問題、発掘調査後の土地の保存問題など、埋蔵文化財をめぐる問題は多岐にわたって潜在するが、総じて関連法制による手続が複雑かつ煩雑であることが、これらの問題の一因となっている。

　本書は、国公有地および国公有財産に関する法制・訴訟の研究を続ける著者が、各国の考古学者や博物館学芸員、埋蔵文化財行政官たちからの長年の要望に応えるかたちで、考古遺産法制を多面的に論じることを通じて、考古学を法的観点からサポートすることを目ざすものである。

　2016年9月に世界考古学会議第8回京都大会（WAC-8 KYOTO）で研究報告を行った際にはフロアから多くの質問をいただいたが、出席者たちの関心が特に高かったのが、日本において考古遺跡と現代都市とりわけ大都市とが共存している実際の例であった。また、2017年1月にフランス国立予防考古学研究所（INRAP）の考古学者と対談した際には、フランス都市計画法の考古学関連条文の適用範囲がきわめて狭い実態を踏まえて、環境学についてそうであるように考古学についてもまた、将来的には開発業者も学んでいく必要があるという点で、著者と見解が一致した。21世紀の考古遺産法制は、現代都市の

iii

持続可能性と調和すると共に、都市ひいては国のアイデンティティーを体現する存在としての遺跡の位置づけを踏まえたものであることが、求められているといえるだろう。

　本書の執筆にあたって特に、日本考古学協会、国際法学会、行政判例研究会、関西行政法研究会の諸先生から、貴重なご教示を賜った。また、世界考古学会議で法学者として研究報告を行うことを快諾していただいたPeter Gould先生（University of Pennsylvania, Museum of Archaeology and Anthropology）、大阪市立大学大学史資料室運営委員会でご一緒した岸本直文先生（大阪市立大学大学院文学研究科教授）からは、考古学の観点から有益なご教示を賜った。

　本書の出版について、日本評論社の永本潤氏に大変お世話になった。皆さまに、心からお礼申し上げたい。


　2017年10月

久末　弥生

# ［目　次］

はじめに　ⅲ

## 第1章　考古行政と法律―――――――――――――――1
　1　ベースは文化財保護法　1
　2　考古学に関連しうる法律
　　　――都市計画法、景観法、歴史まちづくり法、古都保存法、遺失
　　　物法　5

## 第2章　発掘調査と法律―――――――――――――――9
　1　発掘調査と調査費用負担――原因者負担制度　9
　2　埋蔵文化財を包蔵する土地と遺跡の関係
　　　――周知の埋蔵文化財包蔵地の範囲　15
　3　考古学的発見時の対応――遺跡の発見に関する制度　17

## 第3章　遺物・遺跡と法律――――――――――――――21
　1　遺物・遺跡の法的帰属と保管――埋蔵文化財と民法　21
　2　出土文化財の蓄積と廃棄　25
　3　水中文化遺産の保護法制をめぐる動向　27

## 第4章　博物館と法律――――――――――――――――33
　1　博物館法制と博物館資料の「保存と活用」　33
　2　アメリカの博物館と裁判例　38

3 イギリスの博物館コレクションと探検航海、貿易航海
　　──大英博物館、国立海事博物館の例　44

# 第5章　考古遺産法制と都市計画────57

　1　イギリスの考古遺産法制と都市計画
　　　──イングリッシュ・ヘリテッジに着目して　57
　2　日仏の考古遺産法制と都市計画　69
　　Ⅰ　フランスの考古遺産法制と都市計画
　　　　──予防考古学に関する規定を中心に
　　Ⅱ　日本の考古遺産法制と都市計画
　　　　──持続可能な都市と遺跡の共存を探る
　3　万国博覧会と都市計画法制　104

# 第6章　考古学資源と公有地────119

　1　アメリカの考古学資源管理と公有地法制　119
　2　考古学資源法制の展望　132

《資料》　Rebuilding a cultural heritage law system that can cooperate with sustainable city planning────137

参考文献　147
索　引　149
初出一覧　157

# 第1章 | 考古行政と法律

## 1 ベースは文化財保護法

　日本の考古行政を根幹で支えているのは、「文化財保護法」（1950年制定）である。文化財保護法を制定する直接の契機となったのは、1949年（昭和24年）1月26日明け方に発生した法隆寺金堂の火災だった。国宝中の国宝とされる法隆寺金堂壁画の焼失は、文化財保護法制定の気運を大いに高め、議員立法による実現につながったのである。

　もっとも、文化財保護の必要性は、明治維新の動乱に伴う文化財の危機的状況を背景にすでに強く意識されていたため、1897年（明治30年）には日本で最初の文化財保護法制である「古社寺保存法」が制定された。同法4条は「社寺ノ建造物及宝物類ニシテ特ニ歴史ノ証徴又ハ美術ノ模範トナルヘキモノハ古社寺保存会ニ諮詢シ内務大臣ニ於テ特別保護建造物又ハ国宝ノ資格アルモノト定ムルコトヲ得」として、国宝制度を定めた。古社寺保存法は、重要な建物や宝物を所持していながらその維持修理が困難な社寺に対して、補助金交付申請を認める制度を確立した[1]。内務大臣が保護対象を特定し、それに対する保護措置を定める、という同法の考え方は、現在の文化財指定制度に引き継がれている。つまり、古社寺保存法は文化財保護法の原型と考えられる。

　古社寺保存法によって建造物や宝物など有形文化財の保護が図られ

る一方で、遺跡、名勝地、動植物など記念物の保護は、1919年（大正8年）の「史蹟名勝天然記念物保存法」の制定まで待たなければならなかった。同法制定の背景には、国土開発に伴い、史蹟や天然記念物が破壊されている状況があった。全6条の条文に記念物保護の原則が凝縮された史蹟名勝天然記念物保存法は、現在の記念物保護制度の骨格となっている。

　古社寺保存法が保護するのは社寺が所有する有形文化財のみだったが、国、地方公共団体、個人が所有する城郭建築や旧大名家の宝物についても保護の必要性が意識されるようになった。そこで1929年（昭和4年）に、古社寺保存法に代わる新法として「国宝保存法」が制定された。国宝保存法によって、保護対象は従来の「特別保護建造物又は国宝」から国宝に一本化され、社寺だけではなく国、地方公共団体、個人が所有する物件も指定対象とされることで補助金交付による維持修理が可能となり、国宝の輸出が禁止され、国宝の現状変更について許可制度が採用され、国宝の出陳義務が博物館に課されることになった。

　国宝保存法は国宝の輸出を原則として禁止したが、国宝にまだ指定されていない物件の海外流出への懸念が、当時の円為替安を背景に高まり、1933年（昭和8年）に「重要美術品等の保存に関する法律（重要美術品等保存法）」が制定された。同法は文化財保護法制定に伴って廃止されたが、重要美術品等（美術工芸品、建造物）としてすでに認定されている物件については、海外流出の防止において、現在も大きな役割を果たしている。

　1950年（昭和25年）5月30日公布、同年8月29日施行の文化財保護法の登場によって、戦前からの三法すなわち史蹟名勝天然記念物保存法（1919年制定）、国宝保存法（1929年制定）、重要美術品等保存法（1933年制定）は、文化財保護法に吸収されるかたちで廃止されることにな

った。ここで改めて文化財保護法とは、史蹟名勝天然記念物保存法、国宝保存法、重要美術品等保存法の三法を統合しこれらの法律に規定されていた制度を拡充すると共に、無形文化財や埋蔵文化財というこれまで法律の保護対象とされていなかったものを文化財の範疇に加えた、文化財保護に関する統一法である[2]。新憲法下での新立法として文化財保護法は、文化財保護の目的と理念を法律上はじめて明確化した。すなわち、文化財は「わが国の歴史、文化等の正しい理解のため欠くことのできないものであり、且つ、将来の文化の向上発展の基礎をなすもの」（文化財保護法3条）であり、「この法律は、文化財を保存し、且つ、その活用を図り、もって国民の文化的向上に資するとともに、世界文化の進歩に貢献することを目的とする。」（同法1条）のである。文化財保護法1条に制定当初から見られる "文化財の保存と活用" の理念は後に、特に財産権の保障（憲法29条）との調整を求められることになる。この点、文化財保護制度が旧三法時代の社寺中心の制度から広く国民一般に適用される制度へと変化したことを踏まえると、調整は慎重に行う必要がある[3]。制定当初の文化財保護法は文化財保護の主務官庁として「文化財保護委員会」を設置したが、同委員会は1968年（昭和43年）に文部省の外局として新設された文化庁に移管された[4]。

　ところで、1950年の文化財保護法の制定当初、埋蔵文化財は「埋蔵物たる文化財」と定義され、有形文化財の章の中で「重要文化財以外の有形文化財」として規定されていた。つまり、ものとしての埋蔵文化財が保護対象であったわけだが、土地に埋蔵された状態の文化財には遺跡など有形文化財以外のものもあることが指摘され、1954年（昭和29年）の大規模な法改正により、埋蔵文化財は独立の1章（第4章）にまとめられた。つまり、1954年の法改正により、保護対象がものとしての埋蔵文化財から、「埋蔵文化財を包蔵する土地」（旧法57条の

2第1項 ※現93条1項)、「埋蔵文化財を包蔵すると認められる土地」
(旧法58条の2第1項 ※現99条1項) といった「遺跡」に変わったの
である[5]。なお、1954年の法改正は、従来から置かれていた学術調査
目的の発掘についての事前届出の規定 (旧法57条 ※現92条) に加えて、
土木工事に伴う発掘についても事前届出制を定めた (旧法57条の2
※現93条)。しかし、学術調査目的の発掘について定められている「文
化庁長官は、……発掘の禁止、停止若しくは中止を命ずることができ
る。」(文化財保護法92条2項) に相当する部分が土木工事に伴う発掘
において定められることはなく、土木工事に伴う発掘には届出義務違
反の罰則も適用されないという矛盾が残った[6]。学術調査目的の発掘
の届出と土木工事に伴う発掘の届出のこうした相違は、後者に関して
は財産権の尊重とのバランスを考慮する必要があるからだと説明され
ることもあるが[7]、埋蔵文化財保護の観点からはもちろん、発掘調査
現場の人々が取るべき手続の明確性の面からも、将来的には学術調査
目的の発掘の届出に近付ける方向でのすり合せが望ましいだろう。

　文化財保護法の大規模改正は1975年 (昭和50年) と2004年 (平成
16年) にも行われたが、埋蔵文化財保護をめぐる実務は改正前とほと
んど変化していないともいわれる[8]。ともあれ、1975年の法改正によ
って、国の機関等が行う発掘に関する特例 (旧法57条の3 ※現94条)、
埋蔵文化財包蔵地の周知 (旧法57条の4 ※現95条)、遺跡の発見に
関する届出、停止命令等 (旧法57条の5 ※現96条)、国の機関等の
遺跡の発見に関する特例 (旧法57条の6 ※現97条) という4つの規
定が新設され、2004年の法改正によって「第6章」として92条から
108条までに条文番号が整えられたものが現行法となっている。

## 2 考古学に関連しうる法律
――都市計画法、景観法、歴史まちづくり法、古都保存法、遺失物法

　文化財保護法の他にも、考古学に関連しうる法律は大きく2つある。1つはまちづくり・都市計画に関する法律（都市計画法、景観法、歴史まちづくり法、古都保存法など）、もう1つはものに関する法律（遺失物法など）である。このうち後者については、遺物・遺跡の法的帰属と保管の問題として第3章1で詳しく検討する。したがって、ここでは前者について、要点を概観する。

　まちづくり・都市計画に関する法律が考古学と関連しうる主な場面として、

①文化財保護法2条1項6号「伝統的建造物群」および同法第9章（142条から146条）「伝統的建造物群保存地区」と、都市計画法（1968年制定）。

②文化財保護法2条1項5号「文化的景観」および同法第8章（134条から141条）「重要文化的景観」と、景観法（2004年制定）。

③文化財の活用事業等と、歴史まちづくり法（2008年制定。正式名称は「地域における歴史的風致の維持及び向上に関する法律」）、「海外の文化遺産の保護に係る国際的な協力の推進に関する法律」（2006年制定）。

④文化財に関する国際的な取決めと、国内措置としての、「文化財の不法な輸出入等の規制等に関する法律」（2002年制定）、「武力紛争の際の文化財の保護に関する法律」（2007年制定）、「国際人道法の重大な違反行為の処罰に関する法律」（2004年制定）、「武力攻撃事態等における国民の保護のための措置に関する法律」（2004年制定）。

⑤文化財保護法の保護対象と、別の保護制度としての、古都保存法

（1966年制定。正式名称は「古都における歴史的風土の保存に関する特別措置法」）、自然環境保全法（1972年制定）、自然公園法（1957年制定）、鳥獣保護管理法（2002年制定。正式名称は「鳥獣の保護及び管理並びに狩猟の適正化に関する法律」）。

などが挙げられる[9]。

　まず、①の伝統的建造物群保護制度は1975年の法改正によって新設されたが、その背景には、1950年代以降の急速な社会構造の変化や都市化の進展によって、歴史的な集落や町並みが各地で失われつつある状況があった[10]。国土の都市化を法制面で支えたのは、文化財保護法と同年の1950年に制定された国土形成計画法（旧国土総合開発法）だが、伝統的建造物群保護制度と直接に関連するのは都市計画法である。というのも伝統的建造物群の保護は、市町村が一定の地区を伝統的建造物群保存地区に定めることを前提に、それを国が支える法システムになっており、対象地域が都市計画区域内の場合は都市計画の中で、都市計画区域外の場合は市町村の条例で扱われるからである[11]。なお近年は、史跡に都市計画道路がかかる等、遺跡と都市計画が端的に対立するケースも少なくないため、都市計画法自体を再考する時期にあるとも考えられる。この点については、日本の考古遺産法制と都市計画の問題として第5章2で詳しく論じる。

　次に、②の文化的景観保護制度は2004年の法改正によって新設されたが、文化財保護法134条1項が「文部科学大臣は、都道府県又は市町村の申出に基づき、当該都道府県又は市町村が定める景観法……第8条第2項第1号に規定する景観計画区域又は同法第61条第1項に規定する景観地区内にある文化的景観であって、文部科学省令で定める基準に照らして当該都道府県又は市町村がその保存のため必要な措置を講じているもののうち特に重要なものを重要文化的景観として

選定することができる。」と規定するように、同制度は景観法と直接結び付いている。良好な景観の形成促進を図る景観法と文化財の保存と活用を図る文化財保護法とではそもそも理念や目的を異にするが、わが国の景観保護を図る点では一致するため、重要文化的景観を景観計画区域または景観地区にある文化的景観から選定することとしたのである[12]。なお、文化的景観は「地域における人々の生活又は生業及び当該地域の風土により形成された景観地で我が国民の生活又は生業の理解のため欠くことのできないもの」(文化財保護法2条1項5号)と定義され、遺跡や名勝地などの記念物は「貝づか、古墳、都城跡、城跡、旧宅その他の遺跡で我が国にとって歴史上又は学術上価値の高いもの、庭園、橋梁、峡谷、海浜、山岳その他の名勝地で我が国にとって芸術上又は観賞上価値の高いもの並びに動物(生息地、繁殖地及び渡来地を含む。)、植物(自生地を含む。)及び地質鉱物(特異な自然の現象の生じている土地を含む。)で我が国にとって学術上価値の高いもの」(同法2条1項4号)と定義され、伝統的建造物群は「周囲の環境と一体をなして歴史的風致を形成している伝統的な建造物群で価値の高いもの」(同法2条1項6号)と定義されるように、文化的景観、遺跡や名勝地などの記念物、伝統的建造物群はそれぞれ、文化財としての価値を評価する観点において相違するに過ぎない。したがって、例えば文化的景観としての価値と記念物としての価値の両方を有する保護対象が、重要文化的景観に選定されると共に史跡に指定されるといったこともあり得る[13]。

　さらに、2008年制定の歴史まちづくり法が、文化財の活用事業ひいては文化財行政と、まちづくり行政との連携を牽引している[14]。

　なお、武力紛争が続く近年の国際情勢の中で、武力紛争時の文化財保護との関連で④がにわかに注目されている。この点については、フランスの考古遺産法制と都市計画の問題として第5章2で言及する。

最後に、⑤で挙げた各法も、考古学と関連することがある。


〈注〉
1）佐々木丞平「国宝の社へ」京都国立博物館＝毎日新聞社編集『京都国立博物館
　開館120周年記念特別展覧会　国宝』（毎日新聞社＝NHK京都放送局＝NHKプ
　ラネット近畿、2017年）8頁。文化財保護法の原型ともいえる古社寺保存法制定（1897
　年6月）と京都国立博物館の前身である帝国京都博物館開館（1897年5月）から
　共に120周年を迎える2017年には、京都国立博物館開館120周年記念特別展覧会
　として『国宝』展が開催された。
2）文化庁監修『文化財保護法五十年史』（ぎょうせい、2001年）29頁。
3）同上32頁。
4）椎名慎太郎＝稗貫俊文『現代行政法学全集㉕　文化・学術法』（ぎょうせい、
　1986年）102頁、文化庁・前掲（注2）33頁。
5）文化庁・前掲（注2）40頁、椎名＝稗貫・同上。
6）椎名＝稗貫・同上。
7）文化庁・前掲（注2）40頁。
8）椎名＝稗貫・前掲（注4）103頁。
9）和田勝彦『遺跡保護の制度と行政』（同成社、2015年）1頁。
10）文化庁・前掲（注2）45頁。
11）同上。
12）文化財保護法研究会編著『最新改正　文化財保護法』（ぎょうせい、2006年）90頁。
13）同上81〜82頁。
14）稲田孝司『日本とフランスの遺跡保護—考古学と法・行政・市民運動』（岩波書
　店、2014年）349頁。

# 第2章 | 発掘調査と法律

## 1 発掘調査と調査費用負担——原因者負担制度

　開発に伴う考古学的事前調査には、「試掘調査（所在調査、分布調査、A調査ともいう）」と「発掘調査（緊急発掘調査、緊急調査、本調査、B調査ともいう）」の2つがある。試掘調査は遺跡の場所、状況、範囲、性格などを把握するための調査であり、発掘調査は遺跡の破壊を前提として記録保存するための調査である[1]。試掘調査後に必要と判断されると、発掘調査が行われることになる。国や地方公共団体の公費負担でまかなわれる試掘調査費用が比較的少額であるのに対して、開発事業者の原因者負担でまかなわれる発掘調査費用は数千万円から数十億円に上ることも少なくない。しかし、考古学的事前調査を扱うはずの文化財保護法には、調査費用負担についての明文規定がない。そこで、特に発掘調査のための高額な調査費用負担が、原因者負担制度との関係で問題となってくる。

　発掘調査における原因者負担制度とは、遺跡が消滅する原因となる工事や行為を行う開発事業者が発掘調査費用を負担する制度である。原因者負担制度の趣旨については、文化庁の担当官がかつて、「いわゆる原因者負担の原則は、ある土地が埋蔵文化財を包蔵しているのはその土地本来の属性であり、土地利用に当たって埋蔵文化財を破壊したり、文化財としての保存、活用が不可能な状態にしてしまう場合に

9

は、最低限度その埋蔵文化財の記録を（破壊される埋蔵文化財のかわり
として）保存する措置をとることが、あたかも地質や地耐力の調査、
軟弱地盤地における特別な工法等が開発事業に不可欠であるのと同様
に、不可欠の措置であること及び保護の立場からは、埋蔵文化財は、
破壊が許されないのはもちろんその調査も学術的動機によって計画さ
れるまで行なわないのが最も望ましいものであることを是認すること
により成り立っている。」と説明していた[2]。原因者負担制度自体は
発掘調査以外の場面でもしばしば見られ、例えば、自然環境保全法
37条、自然公園法 59条にも「原因者負担」の規定が置かれており、
下水道法 18条には「損傷負担金」、同法 18条の 2には「汚濁原因者
負担金」の規定がある。他方、文化財保護法には、原因者負担どころ
か調査費用負担に関する明文規定すらないのは先述のとおりである。
現行法上、原因者負担制度の根拠条文とされるのは、文化財保護法
99条 2項「地方公共団体は、前項の発掘に関し、事業者に対し協力
を求めることができる。」、あるいは同法 93条 2項「埋蔵文化財の保
護上特に必要があると認めるときは、文化庁長官は、前項で準用する
前条第 1項の届出に係る発掘に関し、当該発掘前における埋蔵文化財
の記録の作成のための発掘調査の実施その他の必要な事項を指示する
ことができる。」といった規定である。それぞれ、「協力」（文化財保
護法 99条 2項）や「指示」（同法 93条 2項）の文言に調査費用負担を
読み込んでの運用であるが、制度の根拠条文としてはやはり弱い。こ
うした法的根拠の弱さは、そもそも原因者負担制度が、1960年代に
文化財保護委員会が公共的開発事業者（日本道路公団、日本住宅公団、
日本鉄道建設公団等）と交わした覚書による方式を民間開発事業者に
も準用したことから生まれた「慣行」であることに起因している[3]。
　法的根拠があいまいであることに加えて、開発に伴う考古学的事前
調査における「原因者負担」が他の場面における「原因者負担」と異

質であることも、調査費用負担問題をわかりにくくしている。行政法学において「原因者負担」は一般に、国や地方公共団体が実施する公共事業の事業費の全部または一部を、当該事業を必要ならしめる原因を作出した者に負担させることを意味するところ、埋蔵文化財の調査費用負担は一般的な原因者負担とは異なるように見えるからである[4]。つまり、発掘調査にいう原因者負担は、行政法学上で原因者負担とされている公用負担の一種であるわけではない[5]。この点について、開発事業者による埋蔵文化財の調査費用負担を環境アセスメントの実施義務に類似した責務と見る見解もあるし[6]、遺跡の破壊をもたらす発掘調査を必要ならしめる原因を作出した開発事業者に負担させるのだから、原因者負担という用語は下水道法18条の2にいう汚濁原因者負担などと比較しても的外れなものではないとする見解もある[7]。

このように、発掘調査の費用負担ルールが未だ確立しておらず、発掘調査費用をすべて開発事業者の義務的負担とする程度まで埋蔵文化財の理解が熟しているともいえない現状においては、ケース毎の行政指導が行われることになる。調査費用負担問題も行政指導の限界内にあるかぎりは、一応適法といってよい[8]。多くの開発事業者が道義的社会的責任を認識して行政指導の要請に応えている事実を高く評価すべきであるとの指摘がある一方で[9]、行政指導の限界が問題になることもある。例えば、発掘調査の調査費用負担が行政指導の限界内にあるかどうかが、特に行政指導の任意性との関連で争われた事例として、東京高裁昭和60年10月9日判決判時1167号16頁（以下「東京高裁昭和60年10月9日判決」という）がよく知られている[10]。本判決は、発掘調査の指示（行政指導）により開発事業者（発掘者）がある程度の経済的負担を負うことになっても、文化財保護法の趣旨を逸脱した不当に過大なものでないかぎり開発事業者が受忍すべきであって、行政指導に違法はないと判示した。

## ●府中市埋蔵文化財発掘調査費用負担事件判決（東京高裁昭和60年10月9日判決判時1167号16頁）

### ●争点

埋蔵文化財発掘調査費用を開発事業者に負担させる旨の行政指導はどこまで許されるか。

### ●事実

建築業者Xは府中市内の借地上においてビルの建替工事をする際に、Y（府中市）教育委員会の行政指導に従って、Y遺跡調査会と発掘調査の委託契約を締結し、Xが発掘調査費用を全額負担した。しかし後にXは、発掘調査費用負担を強制するYの行政指導が違法であるとして、損害賠償訴訟を提起した。

### ●判旨

棄却（確定）。

「控訴人は、国民に財産的出損（発掘調査費用の負担）をさせるような行政指導は誤りであると主張するので、この点について判断する。

埋蔵文化財が、わが国の歴史、文化などの正しい理解のために欠くことのできない貴重な国民的財産であり、これを公共のために適切に保存すべきものであることはいうまでもないところであり、このような見地から、埋蔵文化財包蔵地の利用が一定の制約を受けることは、公共の福祉による制約として埋蔵文化財包蔵地に内在するものというべきである。文化財保護法は、埋蔵文化財包蔵地に内在する右のような公共的制約にかんがみ、周知の埋蔵文化財包蔵地において土木工事を行う場合には発掘届出をなすべきことを義務付けるとともに、埋蔵文化財の保護上特に必要がある場合には、届出に係る発掘に関し必要な事項を指示することができることを規定しているものであり（同法57条の2　※現93条）、右の指示は、埋蔵文

第2章　発掘調査と法律

化財包蔵地の発掘を許容することを前提とした上で、土木工事等により貴重な遺跡が破壊され、あるいは遺物が散逸するのを未然に防止するなど埋蔵文化財の保護上必要な措置を講ずるため、発掘者に対して一定の事項を指示するものであって、埋蔵文化財包蔵地における土木工事によって埋蔵文化財が破壊される場合には、埋蔵文化財の保存に代わる次善の策として、その記録を保存するために発掘調査を指示することは埋蔵文化財保護の見地からみて適切な措置というべきである。したがって、右のような発掘調査の指示がなされることによって、発掘者がある程度の経済的負担を負う結果になるとしても、それが文化財保護法の趣旨を逸脱した不当に過大なものでない以上、原因者たる発掘者において受忍すべきものというべきである。

　そして、右の負担が文化財保護法の趣旨を逸脱した不当に過大なものであるか否かは、当該埋蔵文化財の重要性、土木工事の規模・内容、調査に要する費用の額、発掘者の負担能力、開発による利益の有無程度及び負担者の承諾の有無など諸般の事情を総合して判断すべきものと解されるが、前記認定事実によれば、控訴人は本件土地の発掘調査をすることを了解し、任意に府中市遺跡調査会と発掘調査の委託契約を締結したものであり、本件ビル建築計画の規模・内容、調査に要する費用の額、控訴人の負担能力などを考え併せると、府中市教育委員会が控訴人に対し本件土地の発掘調査をするように指導したことをもって、文化財保護法の趣旨を逸脱した不当なものということはできない。

　なお、控訴人は、国民に財産的出損を負わせる場合には法律に定める根拠が必要であるところ、文化財保護法には国民が文化財保護の費用を負担すべきことを定める規定が存在しないと主張するが、前記認定事実によれば、府中市教育委員会は控訴人に対し直接金銭

13

の負担を要求したものではなく、発掘調査をなすべきことを指導し、控訴人は右指導に応じて任意に府中市遺跡調査会との間で発掘調査に関し費用の負担を伴う委託契約を締結したものであり、府中市教育委員会が右のような指導をなし得ることは前述したとおりであるから、控訴人の右主張を採用することはできない。」

　東京高裁昭和60年10月9日判決は、発掘調査の調査費用負担が行政指導の限界内にあるかどうかが訴訟で争われた最初の事例であり、リーディングケースになっている。東京高裁昭和60年10月9日判決を踏襲したものとして、郡山市埋蔵文化財発掘調査費用負担事件判決（東京地裁平成12年8月25日判決判例集未登載）[11]がある。

　さらに、開発事業者が負担する発掘調査費用を補償することの可否を含めて、土地所有権その他の財産権の尊重との関係を再検討すべきとの声もある[12]。

　近年では、発掘調査事業への市場原理の導入も進んでいる。1970年代以来、地方公共団体が専門職員を雇用して、公益に資する業務である発掘調査の調査体制を整えるのが全国的な流れである一方、首都圏では遺跡調査会と称する任意団体を設置して大学研究者等を委員に招く傾向が続いた。1980年代に入ると研究者が会社組織を作って発掘調査を受託する例が現れ、1990年代からは建設会社や測量会社が研究者を雇用して発掘調査事業に参入するようになった。2005年に民間調査機関団体である「日本文化財保護協会」[13]が設立されたのも、こうした動向の延長線上にある。発掘調査に責任がある地方公共団体が発掘調査支援業務（発掘調査の機材や作業員の調達、遺跡測量など）その他の作業（年代測定、理化学分析など）を民間調査機関に委託すること自体は特に問題ではないが、一部の地方公共団体が、発掘調査体

**14**

制を十分に整備しないまま、発掘調査を民間調査機関に丸投げしている事態が批判されている[14]。特に、日本の民間発掘調査機関の約8割を建設系企業が占めるという事情を考慮すると、開発事業者と発掘調査事業者の間に本来見られるはずの緊張関係が、同じ建設業界内のなれ合いで崩れ、発掘調査を形骸化させる可能性は否定できない[15]。

発掘調査事業への民間参入と共に入札制度による調査機関の選択が常態化するなか、市場競争が招く発掘調査の質に対する悪影響が、とりわけ懸念されている。調査結果の質ではなく、調査経費が安いこと、調査期間が短いことなどを理由に調査機関が選択されてしまうという危惧である[16]。市場原理が本質的になじまないという発掘調査の特性を踏まえた上で、発掘調査の質の維持を地方公共団体が担保するシステムを確立することが、喫緊の課題といえるだろう。

## 2 埋蔵文化財を包蔵する土地と遺跡の関係
### ——周知の埋蔵文化財包蔵地の範囲

文化財保護法93条1項は、「土木工事その他埋蔵文化財の調査以外の目的で、貝づか、古墳その他埋蔵文化財を包蔵する土地として周知されている土地（以下「周知の埋蔵文化財包蔵地」という。）」について規定するが、「周知の埋蔵文化財包蔵地」は周知されたものとして前提されており、法律上の要件が明示されていない[17]。この点、昭和29年改正法施行通知も、周知の埋蔵文化財包蔵地を「貝塚、古墳等外形的に判断しうるもののほか、伝説、口伝等により、その地域社会において埋蔵文化財を包蔵する土地として広く認められている土地」として定義するが[18]、同義反復の感は拭いきれない。

周知の埋蔵文化財包蔵地における工事等の届出制は、1954年（昭和29年）の法改正で新設され、1975年（昭和50年）の法改正により、工事主体が民間である場合（文化財保護法93条）と工事主体が国の機

関や地方公共団体等である場合（同法94条）とに分離された。工事主体が国の機関や地方公共団体等である場合については事前協議制度が設けられ、工事主体が民間である場合に比べて責任が重くなっている[19]。「史跡」（文化財保護法109条1項）に指定されている遺跡以外の遺跡も、「周知の埋蔵文化財包蔵地」として広く保護されることになったものの[20]、"埋蔵文化財包蔵地"の規模や範囲、"周知"の程度など、法律上の要件があいまいなままである点は、先述のとおりである。

　埋蔵文化財を包蔵する土地と遺跡の関係について現状を整理すると、遺跡のうち「我が国にとって歴史上又は学術上価値の高いもの」として「記念物」（文化財保護法2条4項）に該当し、かつ「記念物のうち重要なもの」は「史跡」（同法109条1項）に指定され、許可制による手厚い保護を受ける。他方、遺跡のうち、史跡指定には至らないが「周知の埋蔵文化財包蔵地」（文化財保護法93条から95条）に該当するものは、届出制による緩い保護を受けることになる。端的には、上位に史跡、下位に周知の埋蔵文化財包蔵地というピラミッド型を採るのが現行法制である[21]。

　「周知の埋蔵文化財包蔵地」の範囲の不明確性は、それ自体が制度上の課題であり運用上の困難を招くだけでなく[22]、保護制度を弱めることにもつながる。届出違反に対して罰則を設けることができないのは、土木工事等の実施地の特定が「埋蔵文化財を包蔵する土地として周知されている土地」というだけでは厳密さを欠くからであり、指示違反に対して罰則を設けることができないのも同じ理由である、との指摘がある[23]。また、史跡と違って許可制を採用できない一因として、周知の埋蔵文化財包蔵地の範囲の不明確性に由来する、財産権保障との関係における問題を指摘する見解もある[24]。

　個々の課題は少なくないが、埋蔵文化財包蔵地における工事等の規制を新たに制度化することで、特に戦後復興期から高度経済成長期に

おいて開発事業から遺跡を効果的に保護することができた点は、評価すべきだろう[25]。都市再生との協働を見据え、遺跡を生かす方向での都市計画を探るという 21 世紀の観点からは、周知の埋蔵文化財包蔵地の範囲のあいまいさが有効に働く余地もあると思われる。

## 3　考古学的発見時の対応──遺跡の発見に関する制度

遺跡は、周知の埋蔵文化財包蔵地ではない土地からも発見される可能性があることから、遺跡の発見[26]時の対応についての規定が設けられている。遺跡の発見についての規定は、1919 年の史蹟名勝天然記念物保存法に置かれていたもの（同法施行規則 4 条）が、1950 年の文化財保護法の「史跡名勝天然記念物」の章の末尾にそのまま引き継がれたが、埋蔵文化財保護の観点からは必ずしも十分な内容ではなかった。そこで 1975 年の法改正によって、遺跡の発見についての規定が「埋蔵文化財」の章に移される（位置の変更ではなく新設のニュアンスが強い）と共に、制度的に強化されることになった[27]。

現行法上、遺跡の発見については、発見者が国の機関等以外（個人や民間事業者等）である場合は文化財保護法 96 条（旧法 57 条の 5）、発見者が国の機関等である場合は同法 97 条（旧法 57 条の 6）が、それぞれ規定している。1975 年の法改正により、前者については現状変更行為の停止命令・禁止命令の制度（旧法 57 条の 5 第 2 項　※現 96 条 2 項）、後者については協議制度（旧法 57 条の 6 第 2 項　※現 97 条 2 項）が新設され、発見された遺跡を調査する時間を確保することにより、埋蔵文化財関係の制度の強化を目標としていた 1975 年の法改正の、唯一の強化実現例となった[28]。なお、現状変更行為の停止期間が最長 6 か月間である（旧法 57 条の 5 第 5 項　※限 96 条 5 項）ことについては、大規模な遺跡の発掘調査の所要日数を考えると短すぎるのではないか

という点が法改正の審議中は常に議論されていたが、あらゆる種類や規模の遺跡について調査所要期間を一律に想定することは不可能であるし、財産権の尊重の観点からは私権の強力な制限は慎重に判断すべきであるとして、現行期間に定められたという経緯がある[29]。この点に関連してはかつて、文化庁が史跡の仮指定（旧法70条 ※現110条）の制度の援用を示唆したこともあったが、本来は遺跡保存のための制度である史跡の仮指定制度を、調査後の破壊を前提とする考古学的事前調査の期間確保のために援用することは妥当性を欠くと批判された[30]。

　ここで改めて「遺跡の発見」とは、従来知られていなかった新しい遺跡が発見された場合をいう。したがって、周知の埋蔵文化財包蔵地には遺跡の発見についての規定は原則として適用されないものとして、遺跡の発見に関する制度は運用されている[31]。もっとも、「遺跡の発見」についての明確な定義規定を置く余地はなお、あるだろう。

　また、遺跡の発見に関する制度によって義務を負うのは発見者が土地の所有者・占有者の場合のみであるが、この制度によらずに事実上、土地の所有者・占有者以外の発見者が遺跡発見の届出を行うことも、もちろん禁じられてはいない[32]。

　遺跡の発見に関する制度の下、遺跡発見の届出・通知は次のようなプロセスで行われることになる。

●発見者が国の機関等以外（個人や民間事業者等）である場合

　遺跡を発見した場合は、都道府県または指定都市の教育委員会への届出を要し、これに対して教育委員会は当該遺跡の保護上必要な指示をするか、現状変更行為の停止・禁止を命令することができる（文化財保護法96条）。

第 2 章　発掘調査と法律

● 発見者が国の機関等である場合

　遺跡を発見した場合は、都道府県教委への通知を要し、これに対して教育委員会は調査・保存等について協議を求めるか、当該遺跡の保護上必要な勧告をすることができる（文化財保護法 97 条）[33]。

　なお、遺跡発見の知らせを受けた地方公共団体の教育委員会が、発見者、土地の所有者・占有者、開発事業者などと調整を行い、周知の埋蔵文化財包蔵地における工事等の場合と同様の措置を指示や勧告として求めていくことになるため、法律上の協議（文化財保護法 97 条 2 項）や現状変更行為の停止命令・禁止命令（同法 96 条 2 項）の先例はほぼ皆無というのが実際である[34]。こうした観点からは、遺跡の発見に関する制度の実効性を確保すべく、制度全体の見直しが必要な時期に来ているともいえるだろう。

〈注〉
1 ）椎名慎太郎 = 稗貫俊文『現代行政法学全集㉕　文化・学術法』（ぎょうせい、1986 年）116 頁。
2 ）和田勝彦「文化財保護制度概説」児玉幸多 = 仲野浩編『文化財保護の実務㊤』（柏書房、1979 年）166 頁。
3 ）若槻勝則「埋蔵文化財の保護と発掘調査費用原因者負担主義」現代社会文化研究 26 号（2003 年）20〜21 頁、和田・同上 118 頁、椎名慎太郎「埋蔵文化財保護法制の構造と問題点」日本土地法学会編『環境アセスメント・埋蔵文化財と法』（有斐閣・土地問題双書 16、1982 年）98 頁。なお、原因者負担のはじめての実績となったのは、1958 年から始まった名神高速道路建設に伴う遺跡破壊問題における調査費用 234 万 5400 円（決定額）だった。また、民間開発事業について原因者負担が問題となった早期の例としては、1960 年の大阪府堺市経塚古墳の破壊問題が挙げられる。稲田孝司『日本とフランスの遺跡保護—考古学と法・行政・市民運動』（岩波書店、2014 年）61 頁、77 頁。
4 ）原田尚彦「埋蔵文化財の調査と費用負担—東京高裁昭和 60 年 10 月 9 日判決に関連して」ジュリ 853 号（1986 年）67 頁。
5 ）内田新「文化財保護法概説・各論⒀」自治研究 60 巻 12 号（1984 年）46 頁。
6 ）原田・前掲（注 4 ）67 頁。

7）椎名慎太郎「埋蔵文化財保護のための行政指導と調査費用負担制度─東京高判昭和60・10・9をめぐって」法時58巻5号（1986年）104頁。

8）鈴木庸夫「文化財埋蔵地での工事に伴う発掘調査と行政指導」法教65号（1986年）73頁。

9）内田・前掲（注5）47頁。

10）第5章2参照。

11）若槻・前掲（注3）28〜31頁、和田勝彦『遺跡保護の制度と行政』（同成社、2015年）311〜312頁参照。

12）重松成美「埋蔵文化財包蔵地に係る発掘調査費の補償について」月刊用地1991年5月号（1991年）28〜29頁、内田・前掲（注5）47頁。

13）日本文化財保護協会HP http://www.n-bunkazaihogo.jp/（最終閲覧日2017年10月3日）。

14）稲田・前掲（注3）113〜114頁。

15）同上31頁。

16）和田・前掲（注11）67頁。

17）中村賢二郎『わかりやすい文化財保護制度の解説』（ぎょうせい、2007年）148頁。

18）和田・前掲（注11）95頁。

19）同上94〜95頁。

20）椎名＝稗貫・前掲（注1）104頁。

21）和田・前掲（注11）211〜212頁。

22）同上95頁。

23）和田・前掲（注2）152頁。

24）内田・前掲（注5）49頁。

25）和田・前掲（注2）23頁。

26）「遺跡の不時発見」（椎名＝稗貫・前掲（注1）120頁）あるいは「遺跡の新発見」（和田・前掲（注11）119頁、和田・前掲（注2）159頁）などとも表現される。

27）和田・前掲（注11）119頁、椎名＝稗貫・前掲（注1）120頁。

28）和田・前掲（注11）119〜120頁、椎名＝稗貫・前掲（注1）120頁。

29）和田・前掲（注2）162頁、椎名＝稗貫・前掲（注1）120〜121頁。

30）椎名＝稗貫・前掲（注1）122頁。

31）和田・前掲（注11）120頁、和田・前掲（注2）160頁。

32）和田・前掲（注2）160頁。

33）文化庁監修『文化財保護法五十年史』（ぎょうせい、2001年）69〜70頁、和田・前掲（注11）120〜123頁。

34）和田・前掲（注11）124頁、和田・前掲（注2）160頁、164頁。

# 第3章 | 遺物・遺跡と法律

## 1 遺物・遺跡の法的帰属と保管──埋蔵文化財と民法

　発掘調査現場であれ、埋蔵文化財行政の担当部署であれ、埋蔵文化財を扱う人々を最も悩ませるのが、遺物・遺跡の法的帰属と保管の問題である。この問題の根幹は、文化財保護法108条が「埋蔵文化財に関しては、この法律に特別の定めのある場合のほか、遺失物法の適用があるものとする。」と定めるところ、遺失物法にいう「埋蔵物」としての埋蔵文化財が、民法241条にいう「埋蔵物」とかけ離れている点にある。つまり、民法241条の特別規定として遺失物法と文化財保護法が定める「埋蔵物」は、遺跡からの出土品であるため所有者の生存を想定できないのが通常であり、所有者の存在を前提とする一連の民法規定に元来なじまないのである[1]。

　そもそも民法241条の「埋蔵物」とは、「土地その他の物の中に外部からは容易に目撃できないような状態に置かれ、しかも現在何人の所有であるか判りにくい物をいう」(最二判昭和37・6・1訟月8巻6号1005頁)。所有者がいないと考えられる物は民法239条の「無主物」であり、所有者はいると考えられるが容易に知り得ない物が埋蔵物である。注意すべきは、土中から発掘した物が、無主物(民法239条)でも埋蔵物(民法241条)でもあり得る点である。さらに、所有者不明の出土品は、埋蔵文化財でも無主物でもあり得る。つまり、過去に

21

何人かに属していたことは明らかだが、現在はその相続人の所有に属するとは考えられない古代人の遺物などは無主物とされる一方で、文化財保護法2条にいう「文化財」に該当する埋蔵物すなわち「埋蔵文化財」には、所有者が判明している物だけでなく、所有者が不明の物も含まれることが[2)]、遺物・遺跡の法的帰属問題をわかりにくくしている。相続人の所有に属するかどうかが無主物と埋蔵物を区別するという民法の思考が、埋蔵文化財には必ずしも当てはまらないのである。

　ここで、遺物・遺跡の法的帰属を改めて整理すると、発掘調査や土木工事中に発見された出土品が、

①民法241条の「埋蔵物」かつ文化財保護法2条の「文化財」であるならば、文化財保護法上の「埋蔵文化財」として、文化財保護法92条から108条が適用されるほか、文化財保護法108条によって遺失物法も適用される。埋蔵文化財は、動産でも不動産でもよい。
②民法241条の「埋蔵物」であるが文化財保護法2条の「文化財」でないならば、民法上の「埋蔵物」として扱われる。埋蔵物は動産であることが通常だが、不動産でもよい[3)]。
③民法241条の「埋蔵物」でないならば、民法239条の「無主物」として扱われる。

ということになるだろう。なお、漂流物や沈没品は、性質上は民法240条の「遺失物」であるが、これらの拾得については遺失物法ではなく水難救護法が適用される[4)]。

　法的帰属に関する具体的手続を整理すると、次のようになる。まず、出土品は原則として、民法上の「埋蔵物」として遺失物法1条、同2条1項・2項、同4条1項が適用されることから、発見者は出土品を

警察署長に提出しなければならない。発見（民法241条、遺失物法2条2項）とは、埋蔵物の存在を認識することをいい、占有の取得は必要ない。また、発見は偶然でも計画的でもよい[5]。例えば、土木工事中に建設作業員が偶然に埋蔵物を発見した場合は当該作業員が発見者になるし[6]、発掘調査中ならば、当該発掘調査を依頼した者が発見者になる。提出を受けた警察署長は、所有者が判明している時は出土品を所有者に返還するが（遺失物法6条）、この例は通常あり得ない[7]。したがって、警察署長は所有者不明の出土品について公告手続を行い（遺失物法7条）、公告後6か月以内に所有者が判明しないと、発見者がその所有権を取得する（民法241条）。但し、他人の所有する物の中から埋蔵物を発見した時は、発見者とその他人が等しい割合でその所有権を取得する（民法241条但書）。なお、出土品の所有者が判明した場合は、民法240条の遺失物拾得と同じ扱いとなり、所有者は発見者に対して出土品の価格の5％から20％の範囲で報労金を支払わなければならない（遺失物法28条1項）。以上が、先述②のケースにおける手続の概要であり、これが基本型といえる。

　次に、出土品が文化財の可能性がある場合、遺失物法4条1項に基づく提出を受けた警察署長は、所有者が判明している時は出土品を所有者に返還するが、所有者が不明の時は直ちにこれを、発見された土地を管轄する都道府県の教育委員会（以下「都道府県教委」という）に提出しなければならない（文化財保護法101条）。都道府県教委は、提出された出土品が文化財であるかどうかを鑑査しなければならない（文化財保護法102条1項）。文化財であると認められると、所有者が不明の埋蔵文化財として、その所有権は国庫または都道府県に帰属することになる（文化財保護法104条1項前段、同105条1項前段）。所有権が国庫に帰属するのは、発掘が文化庁長官により施行されかつ発見された場合である。文化庁長官は、埋蔵文化財が発見された土地の所有者

にその旨を通知し、その価格の2分の1に相当する報償金を支払う（文化財保護法104条1項後段）。他方、所有権が都道府県に帰属するのは、発掘が地方公共団体により施行されかつ発見された場合である。都道府県教委は発見者と発見された土地の所有者にその旨を通知し、その価格に相当する報償金を支払う（文化財保護法105条1項後段）。発見者と土地の所有者が異なる時は、報償金を折半して双方に支払う（文化財保護法105条2項）。以上が、先述①のケースにおける手続の概要である。もっとも、埋蔵文化財は整理や研究のために調査機関（埋蔵文化財センター、市町村の教育委員会、大学研究室など）が保管するのが実際であるし、国が保有するのはごく一部の優良品のみで、大半が現物譲与のかたちで発掘者や地方公共団体の所有とされる現実がある[8]。また、開発に伴う発掘調査の多くは地方公共団体により施行されるため、出土した埋蔵文化財の大半は地方公共団体が所有し、保管しなければならない。大規模な発掘に際しては一度に大量の文化財が出土するため、出土品の収蔵問題が各地方公共団体を悩ませている[9]。

　最後に、出土品の所有者がいない場合、動産であれば民法上の無主物先占（民法239条1項）の対象になり、無主物先占による所有権取得の3要件（無主物であること、動産であること、所有の意思をもって占有すること）を満たせば、その所有権は発見者に帰属する。ここで「無主物」とは、現在誰の所有にも属していない物をいい、かつて誰の所有でもなかった物（野生生物、海や川の魚介類、海藻など）、かつては誰かの所有であったが現在は誰の所有でもない物（所有者が遺棄した物など）が含まれる[10]。なお、所有者のいない不動産の所有権は国庫に帰属するため（民法239条2項）、所有者のいない出土品が不動産であれば、発見者はその所有権を取得できない。以上が、先述③のケースにおける手続の概要である。

　このように、遺物・遺跡の法的帰属が明らかになっても、出土品の

所有権を取得することが必ずしも歓迎されるわけではない点は、先に
指摘したとおりである。とりわけ、地方公共団体により施行される発
掘調査で出土した埋蔵文化財は、各地方公共団体の保管能力や収蔵容
量の問題と直結しており、ひいては文化財の保存と活用の両立にも影
響を与えるといえる。こうした意味では、遺物・遺跡の法的帰属と保
管に関する法システム、行政システムを再考する余地はあるだろう。

## 2 出土文化財の蓄積と廃棄

　出土品の保管場所がないことが大きな問題になっている点は、先に
触れた。特に、出土品が文化財である場合、報告書の完成後も廃棄す
ることは許されない上に、博物館や資料館の展示に役立てることが難
しいような土器片や瓦片の収蔵には、どこでも苦労しているという実
態がある[11]。なお、文化財保護法92条から108条では「文化財」あ
るいは「埋蔵文化財」の語が用いられており、「出土品」や「出土文
化財」の用語は見当たらない。「埋蔵文化財」が遺跡と遺物の両方を
含意することから、1980年（昭和55年）の「出土文化財の取扱いに
ついて」という文化庁次長通知以降、遺物を意味する用語として「出
土文化財」の用語が用いられるようになったという経緯がある[12]。さ
らに、1997年（平成9年）の「出土品の取扱いについて（報告）（以下
「1997年報告」という）」で文化庁が、「出土品」という用語をはじめて
用いた。1997年報告は「発掘調査現場で未整理なまま取り上げられ
たすべてのものを対象としており、必ずしも法律上の「文化財」に限
られないことから、対象となる出土遺物については、原則として「出
土品」という用語を用い、必要に応じ「出土文化財」という用語を」
用いるというのが、その説明だった[13]。

　出土文化財の取扱いについては、1995年（平成7年）の「芸術文化

の振興に関する行政監察結果報告書（以下「行監報告書」という）」に
基づき行われた「芸術文化の振興に関する行政監察結果に基づく勧告
（以下「総務庁勧告」という）」によって、見直しが行われた。すなわち、
総務庁勧告の4点12項目のうち4点目の「(4) 出土文化財の取り扱い
の見直し」における3項目として、①出土文化財の「保存・活用状況
を調査し、その状態や活用の可能性等に応じ保管方法の効率化を図る
方向で、その取り扱い基準を策定すること」、②都道府県と市町村の
教育委員会に対し、「発掘調査報告書の作成を徹底するよう指導する
こと」、③「市町村教委の発掘調査により発見された出土品の鑑査に
ついては、事務処理の簡素化を図る方向で」検討することとされたの
だが、これらの内容からは出土文化財を整理するようにとの意図が見
て取れる[14]。

　その後、総務庁勧告の「(4) 出土文化財の取り扱いの見直し」に対
応する報告として、先述の1997年報告がまとめられ、1997年報告に
基づいて「出土品の取扱いに関する指針（以下「指針」という）」とい
う文化庁長官裁定が定められると共に、都道府県教委あての文化庁次
長通知「出土品の取扱いについて（以下「指導通知」という）」による
指導が行われた[15]。もっとも、1997年報告にある「選択の結果、保管・
管理を要しないものとされた出土品については廃棄その他の処分を行
うこととなる」、「たとえば、接合の可能性がない程度に磨滅した土器
片等は、格別活用の方途がなければ保存を要しないこととする等の取
扱いが考えられる」などの記述について、そもそも総務庁勧告が従来
触れてこなかった「廃棄」に言及する必要があったのかは後に議論さ
れることとなった[16]。

　1997年報告、指針、指導通知には、保存・活用の必要性や可能性
のある出土品等の区分、保管・管理等の基本的な考え方や方法、廃棄
その他の措置をとる場合の配慮事項等について詳細な基準が示されて

いる[17]。また、指導通知の「地方公共団体による出土品の廃棄は、
……地方公共団体等への譲与が行われるまでの間は、行うことができ
ない」との記述により、国からの譲与後は地方公共団体による出土品
の廃棄が可能になった。出土品という用語が、文化財保護法2条の「文
化財」に該当しない"単なる埋蔵物"と、これに該当する埋蔵物すな
わち文化財保護法上の「埋蔵文化財」の両方を含意するため[18]、出土
品として埋蔵文化財を廃棄することも可能な点が1997年報告の問題
とされる一方で、地方公共団体が予算と人手を投じて膨大な出土文化
財の全数保存を求められる苦境の打開策との評価もある[19]。

　将来の世代への出土文化財の継承という観点からは、不可逆的な廃
棄を可能なかぎり回避する方向での解決策が望ましい。地中への埋め
戻しを保管の一態様と位置づける提案などもなされているが[20]、むし
ろ博物館資料の保存・活用との関連で出土文化財の蓄積問題に対処す
るのが現実的と思われる。膨大な出土文化財をほとんど出土時の状態
のままで塊として展示する例は、欧米の博物館ではよく見られる。出
土文化財の蓄積・廃棄問題を根本的に解決するためにも、出土文化財
の蓄積を支える持続可能なシステムの構築に早急に取り組む必要があ
るだろう。


# 3　水中文化遺産の保護法制をめぐる動向

　2001年にユネスコ（United Nations Educational, Scientific and Cultural
Organization: UNESCO、国連教育科学文化機関）の第31回総会で採択
された「水中文化遺産保護条約（Convention on the Protection of the
Underwater Cultural Heritage）」[21]が、20か国の批准により2009年に
発効した。水中文化遺産保護条約は、1982年の国連海洋法条約（United
Nations Convention on the Law of the Sea）が規定する海域区分に従って、

領海、接続水域、排他的経済水域、大陸棚、公海にある水中文化遺産の保護を謳ったものである[22]。1985 年のタイタニック号（the Titanic）の発見が制定の契機とされる同条約には、2017 年現在で 50 か国以上が批准しているが、国連の常任理事国のうち批准国はフランスのみであるし[23]、海洋国である日本は未だ批准していないなど、課題も残されている。

　そこで、水中文化遺産保護条約を中心に、水中文化遺産の保護法制をめぐる動向について検討すべき点をいくつか紹介したい。

### (1) 沿岸国の排他的権利──水中文化遺産保護条約 7 条 1 項

　水中文化遺産保護条約 7 条 1 項は、「締約国は、主権行使の範囲内で、内水、群島水域、領海にある水中文化遺産に向けられた活動を規制し許可する排他的権利を有する。(States Parties, in the exercise of their sovereignty, have the exclusive right to regulate and authorize activities directed at underwater cultural heritage in their internal waters, archipelagic waters and territorial sea.)」と規定する。つまり、同条約は水中文化遺産を国際化しないどころか、沿岸国の排他的権利を明確に認める。通常の文化遺産に比べて水中文化遺産は、世界遺産としての側面よりもむしろ国有財産としての側面が強調されることになるため、パラドックス（逆説）が生じているようにも思われる。

### (2) 主権免除と 2 国間・多国間協定
#### ──水中文化遺産保護条約 2 条 8 項・6 条 1 項

　水中文化遺産保護条約 2 条 8 項は、「国連海洋法条約を含めて、国家の慣行や国際法と調和しながら、本条約のいかなる規定も、主権免除に関係する国際法や国家の慣行の規則を修正するものと解してはならないし、国の船や航空機に関する国家のどんな権利も修正するもの

と解してはならない。(Consistent with State practice and international law, including the United Nations Convention on the Law of the Sea, nothing in this Convention shall be interpreted as modifying the rules of international law and State practice pertaining to sovereign immunities, nor any State's rights with respect to its State vessels and aircraft.)」と規定する。同条同項によると、他国の軍艦の遺構が自国の領海内にあっても、主権免除の慣行によりその所有権は永久に軍艦の旗国が保持し続けることになるとして、鷹島沖に沈む元寇船を例に、日本が国の史跡に指定した場所に他国の所有物が存在する事態に伴う紛争リスクが指摘されている[24]。

　こうしたリスクに対応すべく、水中文化遺産保護条約6条1項は、「締約国は、水中文化遺産の保存のために、2国間または多国間の協定を締結するか現行の協定を発展させることを奨励される。そのような協定はすべて、本条約の規定に完全に従い、かつその一般的性質を弱めてはならないものとする。そのような協定において国家は、本条約で採択されたよりも水中文化遺産をより良く保護することができる規則や規制を採択してもよい。(States Parties are encouraged to enter into bilateral, regional or other multilateral agreements or develop existing agreements, for the preservation of underwater cultural heritage. All such agreements shall be in full conformity with the provisions of this Convention and shall not dilute its universal character. States may, in such agreements, adopt rules and regulations which would ensure better protection of underwater cultural heritage than those adopted in this Convention.)」として、関係する2国間・多国間による水中文化遺産についての協定を奨励する。こうした多国間協定のモデルになったのが、2000年に締結されたタイタニック号の遺構に関する4か国（アメリカ、フランス、イギリス、カナダ）による保護協定といわれている[25]。

## (3) 原位置保存の原則と 2045 年問題
### ──水中文化遺産保護条約 1 条 1(a) 項・2 条 5 項

水中文化遺産保護条約 1 条 1(a) 項は冒頭で、「"水中文化遺産"とは、100 年以上周期的にまたは常時、一部または全部が水中にある、文化的・歴史的・考古学的性質をもつ人間の存在の跡すべてをいう ("Underwater cultural heritage" means all traces of human existence having a cultural, historical or archaeological character which have been partially or totally under water, periodically or continuously, for at least 100 years)」と規定する。このように、日本の指定・登録制とは大きく異なり、水中文化遺産保護条約の下では、100 年を経過したものはすべて自動的に水中文化遺産となる[26]。

他方、水中文化遺産保護条約 2 条 5 項は、「水中文化遺産の原位置保存は、この遺産に向けられた活動を認めるか参加する前に、最も重要な選択として考慮されなければならない。(The preservation *in situ* of underwater cultural heritage shall be considered as the first option before allowing or engaging in any activities directed at this heritage.)」として、原位置保存の原則を採用する。原位置保存の原則は、商業的利用の禁止（同条 7 項）と並んで、水中文化遺産保護条約の二大原則とされる。

さらに、水中文化遺産保護条約が人間の遺骸を水中文化遺産として扱うことから、2045 年問題、すなわち第二次世界大戦終戦から 100 年後の 2045 年以降は、太平洋の海没遺骨も水中文化遺産とされ、日本政府が実施している遺骨帰還事業が原位置保存の原則に抵触する可能性が懸念されている[27]。また、水中文化遺産保護条約の下で、100 年を経過したものとそうでないものとの扱いが大きく異なるとなれば、こうした観点からの恣意的な操作がなされる可能性も否定できない。

30

第3章　遺物・遺跡と法律

　このように、水中文化遺産保護条約には批准に先立って検討すべき課題も少なくないことから、2007年制定の海洋基本法に続く国内法の整備を並行させるかたちで、水中文化遺産に特化した保護法制を構築していく必要があるだろう。

〈注〉

1）和田勝彦『遺跡保護の制度と行政』（同成社、2015年）126頁。
2）阿部浩二・基コメ物権〈第5版〉（別冊法学セミナー188号、2005年）108頁、110頁。
3）同上110〜111頁。
4）同上109頁、岩淵聡文『文化遺産の眠る海―水中考古学入門』（化学同人、2012年）83頁。
5）松井宏興『物権法［民法講義2］』（成文堂、2017年）173頁。
6）建物建設のための地下工事に従事中の労務者が埋蔵物を発見した時、発見者は労務者であり、指揮監督者ではないとした判例（大阪控判明39・6・15新聞371号7頁）がある。阿部・前掲（注2）111頁。
7）椎名慎太郎＝稗貫俊文『現代行政法学全集㉕　文化・学術法』（ぎょうせい、1986年）125頁。
8）椎名慎太郎『遺跡保存を考える』岩波新書・新赤版318（1994年）154頁。
9）同上126頁。
10）松井・前掲（注5）170頁。
11）椎名・前掲（注8）154頁。
12）稲田孝司『日本とフランスの遺跡保護―考古学と法・行政・市民運動』（岩波書店、2014年）108頁。
13）同上107頁。
14）同上101〜103頁。
15）和田・前掲（注1）131頁。
16）稲田・前掲（注12）103頁、107頁。
17）和田・前掲（注1）132頁。
18）両者の区別について、詳細は第3章1参照。
19）稲田・前掲（注12）109頁、和田・前掲（注1）132頁。
20）稲田・同上。
21）水中文化遺産保護条約の全文（英語版）は、http://unesdoc.unesco.org/images/0012/001260/126065e.pdf 参照（最終閲覧日2017年10月3日）。
22）岩淵聡文「「水中文化遺産保護条約」は日本の考古学に受け入れられるか？」日本考古学協会第83回総会研究発表要旨（2017年）127頁。

23) フランスについて、詳細は第5章2参照。
24) 岩淵・前掲（注22）127頁。
25) 岩淵・前掲（注4）80頁。
26) 岩淵・前掲（注22）126頁。
27) 同上。

# 第4章｜博物館と法律

## 1 博物館法制と博物館資料の「保存と活用」

### (1) 日本の博物館法制の概要

　博物館は考古遺産を収蔵するが、博物館法制は考古遺産法制とは別に存在し、2つの法制は原則として重ならない。現在、日本の博物館行政のベースとなっているのは「博物館法」（1951年制定）であり、他にも「教育基本法」（2006年制定、旧法は1947年制定）、「社会教育法」（1949年制定）、「博物館法施行規則」（1955年制定）、「公立博物館の設置及び運営に関する基準」（1973年制定）などの国内法制に加えて、ユネスコの下部組織として1946年に創設された国際博物館会議（International Council of Museums: ICOM. 以下「ICOM」という）[1]による一連の規定、特に「イコム規約（ICOM Statutes）」（最新のものは2007年改正版）の影響を大きく受ける。博物館法制は図書館法制（1950年制定の図書館法など）としばしば一緒に論じられるが、考古遺産法制と直接に関連づけて論じられることはあまりなく、こうした状況は他国においても同様である[2]。

　1951年制定の博物館法2条は、「「博物館」とは、歴史、芸術、民俗、産業、自然科学等に関する資料を収集し、保管（育成を含む。以下同じ。）し、展示して教育的配慮の下に一般公衆の利用に供し、その教養、調査研究、レクリエーション等に資するために必要な事業を行い、あわ

33

せてこれらの資料に関する調査研究をすることを目的とする機関」と
定義する。また、同法1条はこの法律の目的として「社会教育法の精
神に基き」と明記しており、図書館法（1950年制定）同様、博物館法
が社会教育法の特別法であることがわかる。図書館法と博物館法がい
ずれも社会教育法の特別法であることは、社会教育法9条1項が「図
書館及び博物館は、社会教育のための機関とする。」と規定すると共に、
同条2項が「図書館及び博物館に関し必要な事項は、別に法律をもっ
て定める。」としていることからも明らかである。さらに、教育基本
法2条2項が、「国及び地方公共団体は、図書館、博物館、公民館そ
の他の社会教育施設の設置、学校の施設の利用、学習の機会及び情報
の提供その他の適当な方法によって社会教育の振興に努めなければな
らない。」と規定しており、博物館は社会教育機関であるとの位置づ
けが、関連法制において明示されている[3]。

　先述した博物館法2条の定義は、イコム規約3条の定義すなわち「博
物館とは、社会とその発展に貢献するため、有形、無形の人類の遺産
とその環境を、研究、教育、楽しみを目的として収集、保存、調査研
究、普及、展示をおこなう公衆に開かれた非営利の常設機関である。」[4]
とほぼ同様であるが、ICOMの博物館としての範囲設定は日本の博物
館の対象範囲の概念をはるかに凌駕するものであることも指摘されて
いる[5]。なお、博物館法との関係では、博物館の定義について、1961年[6]
改正版のイコム規約（ICOM Statutes, November 1961; doc.67-73）が従
来の1951年版（ICOM Statutes, July 1951. 以下「1951年改正版イコム規約」
という）で用いていた「施設（establishment）」から「機関（institution）」
に変更したことにより単なる箱物から活動に本質のある「機関」とし
ての博物館へ移行したこと、他方では、1951年制定の日本の博物館
法が1951年改正版イコム規約に準拠しているにもかかわらず、当初
から明確に「機関」として博物館を位置づけていることなどが注目さ

れてきた[7]。

ところで、博物館法がカバーするのは同法が規定する「登録博物館」と「博物館相当施設（博物館法 29 条）」のみで、同法に規定がない「博物館類似施設」は含まれない。しかし、文部科学省が 3 年ごとに実施している近年の社会教育調査では、博物館法の適用外の博物館類似施設が全体の 8 割を占めている実態が明らかになっている。その背景には、博物館法の規定が実態とかけ離れたものになっているという、いわゆる登録制度の課題と呼ばれる問題が存在する[8]。ここで改めて「登録博物館」とは、地方公共団体が設置する「公立博物館（博物館法第 3 章）」、および一般社団法人、財団法人、宗教法人、政令で定めるその他の法人が設置する「私立博物館（博物館法第 4 章）」のうち、都道府県教委の登録を受けたものをいう。つまり、その博物館が所在する都道府県教委の博物館登録原簿に登録された博物館が、登録博物館である。登録は申請に基づいて行われ、「博物館資料があること」「学芸員その他の職員を有すること」「建物及び土地があること」「1 年を通じて 150 日以上開館すること」が 4 要件とされる（博物館法 12 条 1 項 1 〜 4 号）。次に、「博物館相当施設」とは、国または独立行政法人が設置する施設の場合は文部科学大臣の、その他の施設の場合は当該施設が所在する都道府県教委の指定を受けたものをいう（同法 29 条）。指定要件は、「必要な書類を整備していること」「専用の施設及び設備を有すること」「学芸員に相当する職員がいること」「一般公衆の利用のために当該施設及び設備を公開すること」「1 年を通じて 100 日以上開館すること」（博物館法施行規則 19 条 1 項 1 〜 5 号）の 5 つで、登録博物館の登録要件に準じた内容になっている。最後に、「博物館類似施設」とは、博物館法が規定する博物館と同種の事業を行い、博物館相当施設と同等規模だが登録も指定も受けていないものをいい、博物館法上の規定はない[9]。

なお、独立行政法人が設置する国立の博物館や美術館が、博物館法の適用除外である点には注意を要する。また、大学共同利用機関法人が設置する国立民族学博物館（大阪府）、国立歴史民俗博物館（千葉県）は、国立大学法人法（2003年制定）に基づく研究機関であり、法律上は博物館ではなく大学として扱われる[10]。さらに、博物館の種類については、博物館法に沿った先述の3分類のほか、1973年制定の「公立博物館の設置及び運営に関する基準」2条1項1～3号が規定するように、「総合博物館」「人文系博物館」「自然系博物館」の3つに大別することもできる[11]。

　博物館法制と考古遺産法制が交差する条文としては、文化財保護法27条・52条が挙げられる。まず、文化財保護法27条は、「文部科学大臣は、有形文化財のうち重要なものを重要文化財に指定することができる。」（1項）、「文部科学大臣は、重要文化財のうち世界文化の見地から価値の高いもので、たぐいない国民の宝たるものを国宝に指定することができる。」（2項）として、文化財を「指定」する行為によって文化財を保護する法的措置を行っている[12]。国宝、重要文化財以外にも、特に価値の高い文化財について、文化財保護法では、重要無形文化財[13]、重要有形民俗文化財、重要無形民俗文化財、特別天然記念物等に指定する制度が定められている。このように指定を受けた文化財の公開促進に関連して、文化財保護法53条が定めているのが「公開承認施設」制度である[14]。すなわち、同条1項は「重要文化財の所有者及び管理団体以外の者がその主催する展覧会その他の催しにおいて重要文化財を公衆の観覧に供しようとするときは、文化庁長官の許可を受けなければならない。ただし、文化庁長官以外の国の機関若しくは地方公共団体があらかじめ文化庁長官の承認を受けた博物館その他の施設（以下この項において「公開承認施設」という。）において展覧会その他の催しを主催する場合又は公開承認施設の設置者が当該公開

承認施設においてこれらを主催する場合は、この限りでない。」と規定するところ、「あらかじめ文化庁長官の承認を受けた博物館その他の施設」が「公開承認施設」として、重要文化財などに指定された考古遺産を展示する場面が想定されているのである。公開承認施設制度は文化財の保存と活用の観点に直接結びつくものであることから[15]、「保存と活用」概念について検討したい。

## (2) 博物館資料の「保存と活用」──「保護と利用」ジレンマとの違い

博物館資料の保存と活用の両立は、博物館の重要な使命である。しかし、資料は活用すればするほど劣化につながることから、博物館には「保存と活用」という相反する矛盾した行為を相互に機能化しなければならないという大きな問題が課されることになる[16]。博物館資料の典型的な活用例は収蔵資料の展示だが、展示室での資料の公開には、盗難、退色、汚損、破損などさまざまなリスクが伴う。資料保存という観点からは、博物館が収集した資料は収蔵庫の真っ暗な空間において適切な温湿度管理の下で永久的に保存されることが望ましいが[17]、資料を収蔵したままでは「保存のための保存」という批判を免れ得ない。重要なのは、博物館資料の保存と活用はあくまでも活用するために保存するという点を論じるのであって[18]、環境法分野で論じられる「保護と利用」ジレンマすなわち将来の世代のための保護を前提とした利用という観点とは、厳密には異なっていることである。もっとも、博物館資料の中でも特に埋蔵文化財については、むしろ保護と利用ジレンマに近い観点から考古遺産法制が検討されることが少なくないというのが、日本を含めて各国で見られる現象である。

展示室で公開されている博物館資料については、盗難、資料落下、手垢、火災などの人災リスクが高くなる一方、それ以外の資料についても、虫害、カビ害などの生物的被害、糞、排泄物などの動物的被害、

光、熱、温度、ほこりなどの物理的被害、塩害などの化学的被害、ア
ルカリガス、亜硫酸ガス、排気ガスなどのガス被害など、さまざまな
リスクにさらされており、地震、水害、火山噴火、山崩れなどの天災
も避けられない[19]。そこで、博物館資料の劣化を最小限にとどめて展
示することが、博物館にとって次の重要な使命になってくる。展示の
保存環境を整えるために紫外線の発生を軽減した美術館・博物館用蛍
光灯やLED照明を使用する、あるいは資料の輸送に伴う劣化リスク
やダメージを最小限にとどめるために美術梱包や美術品運搬などのサー
ビスを活用するなど[20]、博物館の現場では多様な取り組みが行われ
ている。


## 2　アメリカの博物館と裁判例

### (1) アメリカの「博物館法」と古代遺物ビジネス

　アメリカでは、私有地で発見された重要な文化遺産を、破壊、分割、
消失などから保護する法律が存在しない。それどころか、私有地上で
発掘が適切に行われることを確保する規定すら存在しない。世界的に
見ても特異なこうしたアメリカの状況は、土地所有権が他国よりも保
護的であることに起因するが、遺物ハンターたちによる文化破壊的な
古代遺物ビジネスを誘発しているとして[21]、考古学者たちはもちろん、
ジョセフ・L・サックス（Joseph L. Sax, 1936-2014）をはじめとする法
学者たちにも長く批判されてきた。実際、アメリカの博物館収蔵品と
りわけ古代遺物の中には、サザビーズ（Sotheby's）のようなオークシ
ョン会社が介入し、莫大な金額で競り落とされたものも少なくない。
それでも、個人収集家が買いその後は民間の小さな博物館に消えてし
まう、あるいは業者が取得して転売のためにいくつかの収集品に順次
に解体されていくことになるよりは、一流の大きな博物館に収蔵され

る方がはるかに幸運だというのが、アメリカの現実である[22]。

　連邦レベルすなわち国レベルの博物館法制がそもそも存在しないアメリカでは、考古遺産法制を含む文化遺産法制が連邦レベルの「博物館法（Museum Law）」として位置づけられている。具体的には、次のような法制が網羅されることになる。

① 1906年の古代遺物法（Antiquities Act）

② 1935年の史跡法（Historic Sites Act: HSA）

③ 1966年の国家歴史保存法（National Historical Preservation Act: NHPA）

④ 1969年の国家環境政策法（National Environmental Policy Act: NEPA）

⑤ 1979年の考古学資源保護法（Archaeological Resources Protection Act: ARPA）

⑥ 1990年の建築作品著作権保護法（Architectural Works Copyright Protection Act）

⑦ 1988年と1992年の国立フィルム保存法（National Film Preservation Act）

⑧ 1990年の視覚芸術家権利法（Visual Artists Rights Act: VARA）

⑨ 1985年設置のアメリカの海外遺産保存委員会（Commission for the Preservation of America's Heritage Abroad）

⑩歴史保存のためのインセンティブ税

⑪ 1988年の難破船法（Abandoned Shipwreck Act: ASA）

⑫ 1978年のアメリカインディアン宗教自由法（American Indian Religious Freedom Act: AIRFA）

⑬ 1990年のアメリカ先住民墓所保護・返還法（Native American Graves Protection and Repatriation Act: NAGPRA）

これらのうち、①から⑤までと⑬については、第6章で詳しく扱う。本章では、州レベルの博物館法制と共に、実際の裁判例について見ていきたい。

## (2) 博物館に関する裁判例──スミソニアン協会事例を中心に

他国の博物館が一般的に公立博物館のみであり、政府によって管理されているのに対して、アメリカの博物館は公立博物館と民間博物館のどちらもあり、両方の大部分が州によって管理されている点で、独自の組織構造をもつ。アメリカの公立博物館には国立博物館（federal museums）と州立博物館（state museums）があり、州立博物館には市・郡のような地方政府によって設立されるものと州立大学システム（state university system）の一部をなすものが含まれる。他方、国立博物館には、スミソニアン協会（Smithsonian Institution）と海軍省、陸軍省、空軍省の一部をなす博物館が含まれる[23]。

アメリカで最もよく知られている国立博物館はスミソニアン協会だが、同協会は1846年に連邦議会制定法（Act of Congress）によって設立され、2017年10月現在で19の博物館・美術館（museums）、国立動物園（National Zoo）、9つの研究所（research facilities）を擁する、博物館、教育、研究が複合した世界最大の博物館システムである。スミソニアン協会の使命は、イギリス人科学者のジェームズ・スミソン（James Smithson, 1765-1829）[24]がアメリカに託したスミソン家の全財産に付された遺言、「ワシントンに、スミソニアン協会の名で、人類の知見の増大と普及のための施設（at Washington, under the name of the Smithsonian Institution, an establishment for the increase and diffusion of knowledge among men）」を設立するという一文に凝縮されている[25]。アメリカに所属する、芸術や外国に関するすべての物、自然史、植物、地質学についての珍しい調査やすべての物、鉱物標本は、調査・

研究のためにスミソニアン評議会（Board of Regents of the Smithsonian）に届けられなければならない[26]。スミソニアン協会がアメリカの過誤や差別問題について展示することは、アメリカの民主主義と公正を体現しているとして高く評価される一方で、社会で議論になるような問題を取り上げることに対して、アメリカ国内外からの反発や批判も多く存在した[27]。後者については訴訟につながったものもあることから、スミソニアン協会が当事者となった代表的な裁判例を紹介したい。

## ●クラウリー対スミソニアン協会（1980年）

1980年のクラウリー対スミソニアン協会連邦コロンビア特別区巡回控訴裁判所判決（Crowley v. Smithsonian Institution, 636 F.2d 738）は、進化論への言及を含めて、問題の展覧会における国立自然史博物館（National Museum of Natural History）の行為が、スミソニアン協会を設立した言葉、「人類の知見の増大と普及のため」の範囲内にあると判示した。

自然史博物館が『人類の出現（Emergence of Man)』という、進化への言及を含む展覧会を開催し、地球の生物多様性、環境に対する動植物の適応、環境その他の影響に対する生物の時を経た変化の仕方を劇化するために、博物館コレクションの標本を含む展示を行った。展覧会は部分的に連邦助成金から資金の提供を受けていたが、一部の人々が展覧会に反対し、連邦資金で支援されていることを問題視した。連邦資金は、聖書の創世記の話に沿った天地創造を説明するためにも等しく投入されるべきだというのが、彼らの主張だった。コロンビア特別区巡回控訴裁判所は、進化論への言及を含めて、問題の展覧会での自然史博物館の職員たちの行為が、「人類の知見の増大と普及のため」というスミソニアン協会を設立した制定法の

**41**

文言の範囲内にあると判示した。同裁判所は、展覧会が「人類およびすべての動植物の起源に関する進化論が、生物の起源に関する唯一の信頼できる理論である」と暗示的あるいは明示的に表現しているのではないと述べた。展覧会は宗教一般に言及しなかったし、宗教その他の教義をけなしもしなかった。コロンビア特別区巡回控訴裁判所は、展覧会のメッセージが創造説と一致しないからといって、展覧会を容認できないことにはならないと結論づけた。人々は誰も博物館に行くことを強制されていないし、不快だと感じる展覧会を避けて他の数多くの展覧会に注目するのは自由であるというのが、同裁判所の意見だった[28]。

スミソニアン協会はまた、展示内容だけでなく展示物をめぐって、州立博物館と争うことがある。そこで、典型的なスミソニアン協会事例を紹介したい。

### ●カリフォルニア州対スミソニアン協会（1980年）

1980年のカリフォルニア州対スミソニアン協会連邦第9巡回区控訴裁判所判決（State of California v. Smithsonian Institution, 618 F.2d 618）は、連邦所有地で発見された利益対象物の保管所としての、スミソニアン協会の特別な地位を認めた。

南カリフォルニアのオールドウーマン山脈（Old Woman Mountain Range）内の連邦所有地で6070ポンド（1ポンド≒454グラム）の隕石が発見され、カリフォルニア州職員たちがその隕石を持ち去り、ロサンゼルス郡自然史博物館（Los Angeles County Museum of Natural History）の公式展覧会で展示した。州職員たちはその後、隕石を保持するために1906年の古代遺物法に基づく許可を申請したが、内務省はその隕石をスミソニアン協会で展示するために、ス

**42**

ミソニアン協会に許可を与えた。内務省と土地管理局（Bureau of Land Management）は、その隕石をスミソニアン協会に移送するための手続を定めるために、スミソニアン協会と協議した。カリフォルニア州職員たちは、その隕石の持ち去りを禁じ、スミソニアン協会に与えられた許可を取り消すために、訴訟を提起した。

　第9巡回区控訴裁判所は、内務省職員たちがスミソニアン協会に連絡したならば、古代遺物法に違反していなかったと判示した。スミソニアン協会は連邦規制に従った申請を提出していなかったけれども、内務省職員たちが当然のことながら適格であると見なす同協会に許可が与えられたのだろう、と同裁判所は述べた。第9巡回区控訴裁判所は、内務長官は申請がない時の行為能力に制限されないし、スミソニアン協会は連邦資源の保管所の役目をするので隕石はスミソニアン協会に移送されなければならないと結論づけた[29]。


　アメリカのいくつかの州では、州の歴史・考古学資源の保管所の役目をするものとして、公立博物館を設立した。これらの博物館の設立や運営については市あるいは郡による管理を条件に州法が一般的に規定しており、カリフォルニア州、ニューヨーク州、アリゾナ州、ウィスコンシン州などが代表例である[30]。

　以上を踏まえると、アメリカの博物館の法的構造については次のように整理できる。まず、公立博物館（国立博物館、州立博物館）は設立や運営に関して連邦あるいは州の制定法に従うが、資金提供、政策、公共団体プログラムに関する法的強制は州や公共団体のタイプによって異なるので、公立博物館の管理や監督は各州で異なることになるだろう。次に、民間博物館は、特に非課税団体（慈善団体）としての運営に関していくつかの連邦政府規制に従うが、アメリカの民間ビジネス一般に比べると連邦政府の影響は少ない。なお、民間博物館が法人

である場合には、州の非営利法人制定法に従う。アメリカの民間博物館は、非営利慈善団体として、信託（trust）、組合（association）、法人（corporation）の3つのうちどれかであるのが一般的だが、他国とりわけ大陸法系の国々では信託として組織される博物館はほぼ皆無であり、わずかな民間博物館も組合か財団（foundation）とされるのが一般的である。つまり、信託として組織される民間博物館が存在することが、コモンロー国家であるアメリカならではの1つの特徴といえる[31]。

## 3 イギリスの博物館コレクションと探検航海、貿易航海
──大英博物館、国立海事博物館の例

　現代の博物館の起源は、15世紀から17世紀にヨーロッパの王侯貴族、研究者、富裕層などが個人的なコレクションとしてさまざまなものを収集・保存し、これらを公開するために自らの邸宅内に競って設けた「驚異の部屋（Wunderkammer）」であるといわれる[32]。私的コレクションの公開が「珍品陳列室（cabinets of curiosities[33]）」として広まったイギリスでは、1683年にオックスフォード大学（Oxford University）内に世界最初の大学博物館のアシュモレアン美術・考古学博物館（Ashmolean Museum of Art and Archaeology）が開館し[34]、1753年には議会法（Act of Parliament）により、一般市民公開かつ法人組織という世界ではじめてのタイプの博物館（公教育機関としての近代博物館、国立博物館[35]、national public museum[36]などとも表現される）として大英博物館（British Museum）が設立され[37]、1759年に開館した[38]。1800年頃には10館ほど、19世紀半ばには60館ほど、1914年には300館以上の博物館がすでに存在していたイギリスは[39]、世界の博物館の歴史を牽引してきた。

　法制面では、1753年制定のいわゆる大英博物館法（British Museum

44

第 4 章　博物館と法律

Act 1753. 正式名称は、"Act for the purchase of the Museum or Collection of Sir Hans Sloane and of the Harleian Collection of Manuscripts and for providing one general repository for the better reception and more convenient use of the said collections and of the Cottonian Library and of the additions thereto〔ハンズ・スローン卿の博物館あるいはコレクションとハーリー文庫写本コレクションを取得し、前記コレクションとコットン文庫および追加分をより良く受け取り、より便利に利用するための公立博物館を提供するための法〕, 26 Geo 2 c 22"）に謳われた考え方の骨子が、イギリス国内の他の博物館はもちろん、各国の博物館にも大きな影響を与えた。その内容は、医師で古美術コレクターのハンズ・スローン卿（Hans Sloane, 1660-1753）が所蔵品 7 万 9575 点、その他にも多数の植物標本や膨大な数の蔵書や写本などのコレクションをジョージ 2 世（King George Ⅱ, 1683-1760）に献上して 2 万ポンドで国に遺贈することを希望していた遺志を汲み、同コレクションを国が取得し、すでに国が所有していたロバート・ハーリー卿（Robert Harley, 1661-1724）と息子のエドワード・ハーリー卿（Edward Harley, 1689-1741）の写本コレクション、ロバート・コットン卿（Robert Cotton, 1570-1631）の写本コレクションと合わせて、公共のためのコレクションとして公開するというものだった。また、博物館やコレクションはすべてそのまま永久に保存されるべきこと、コレクションに興味をもつ人は誰でも自由に接することができるなどの基本方針が、同法において明言された[40]。その後、1845 年の博物館法（Museums Act 1845, 8 & 9 Vict c 43）と 1850 年の図書館法（Public Libraries Act 1850, 13 & 14 Vict c 65）によって、地方公共団体が博物館や図書館に出資できるようになり、1860 年代からは市町村レベルの美術館が増えていった。1870 年代から 1880 年代には、博物館はイギリス全土に広く普及した[41]。

　19 世紀半ばは、1851 年の第 1 回ロンドン万国博覧会（The Great

Exhibition）を契機に、1855 年の第 1 回パリ万博、1873 年のウィーン万博など、産業技術の達成と植民地支配の成果を展望する祭典としての万国博覧会がヨーロッパ各地で盛んに開催された時期でもあった[42]。万博開催後は、そこで展示されていた品々を恒久的に展示する施設として、博物館が各地につくられた。第 1 回ロンドン万博の出品物は、1852 年開館のヴィクトリア・アンド・アルバート博物館（Victoria and Albert Museum. 通称「V & A」。1899 年に改名された）に収蔵された[43]。また日本でも、1873 年（明治 6 年）のウィーン万博への参加決定が国内の博物館事情に変化をもたらした。前年の 1872 年（明治 5 年）には、ウィーン万博出品の予備事業として「文部省博物館」の名の下に日本で最初の博覧会が開催されたが、同博物館こそが日本で最初の博物館であり、後の東京国立博物館の前身である（したがって、東京国立博物館の設立年も同年とされている）。その後、博物館事業と博覧会事業の性質についての分離、合併が議論され、1875 年（明治 8 年）に博覧会事務局は博物館に改称され、博物館の所管も従来の文部省博物局から 1873 年（明治 6 年）に新設された内務省に移された[44]。また、ウィーン万博に参加して帰国した佐野常民（1822-1902）らが近代博物館設立を強く提言するなど、博物館設立は万国博覧会への参加と連動するものだった[45]。

　大英博物館が初期に収蔵したコレクションとして、ジェームズ・クック（James Cook, 1728-1779. 通称「キャプテン・クック〔Captain Cook〕」）が太平洋探検航海で収集した資料を含む自然博物学の標本が挙げられるが[46]、その背景にはクックの探検航海資金の一部を大英博物館が実質的に拠出していたという事実がある[47]。北ヨークシャー州マートン（Marton）で労働者階級の次男として生まれたクックは、北極から南極まで、オーストラリアの東海岸から北米の西海岸まで、その間の数百の島々の海岸線を発見し海図を作成しながら、世界で最も

第 4 章　博物館と法律

有名な海洋探検家となった。広大な太平洋の海岸の形を把握し、島々を区別し、地勢を明瞭にし、先住民と親交を深めたのはクックだった。例えば、ニュージーランドの北島と南島を結ぶ 2400 マイルの 1 本の海岸線についてのクックの海図を、世界中の船乗りたちが長年頼ったし、オーストラリアでのクックの発見は、最初の植民地が 18 年後につくられることにつながった。クックの探検航海は、数千もの新種の植物、鳥、哺乳類の発見と採取につながったし、天文学や時計学の科学技術を計り知れないほど進歩させた。クックの仕事は非常に高く評価され、イギリスと海戦最中のフランス人やアメリカ人も、クックの船への妨害は決してしなかったと伝えられる[48]。

　17 世紀後半から 18 世紀のヨーロッパは啓蒙思想時代にあり、旅にはしばしば科学技術上の目的が伴った。1768 年から 1780 年の間に行われたクックと仲間たちによる 3 度の太平洋探検航海すべての背後にイギリスの地政学上の動機があったことは、オーストラリア（当時は New Holland、新オランダ）やニュージーランドの占領、東への航路を短縮するために大いに求められていた北西航路の開通などの事実から明らかであるし[49]、英国海軍省（Admiralty）のような政府機関が探検航海費用のスポンサーになっていたし、集められた知見は国益にかなうように用いられた[50]。しかし、クックの探検航海は天文学、博物学、地理学、太平洋の海図作成などの仕事を含むもので、さらにクックによるエンデバー号（the Endeavour）の探検航海が「生物学調査に関して、組織化され完全に設備の整った最初の航海」だったと主張する現代の植物学者もいる。クックはまた、ポリネシア人、メラネシア人、オーストラリアのアボリジニー、バンクーバーのインディアン、アラスカのエスキモーなど、当時ほとんどのヨーロッパ人にとって未知の先住民グループに遭遇し、交流した。ジョージ 3 世（King George Ⅲ, 1738-1820）のために先住民の土地を求めたのは王命によるものだっ

**47**

たが、先住民に対するクックの穏やかで思いやりのある優しいふるまいと態度は、当時の時代背景における先住民への理解という点では卓越したものだった[51]。

このように、イギリスの博物館史初期におけるコレクションの充実は、科学技術（science）、探検（exploration）、帝国（empire）という3つの要素[52]と密接に関連している。イギリスの歴史は海の歴史でもあり、海運業によって生まれる可能性と利益は全世界に及ぶ支配力として、イギリスの発展を支える上で特に重要だった。1600年にエリザベス1世（Elizabeth I, 1533-1603）が東インド会社（East India Company）に対して、王の特許状（royal charter）より、喜望峰の東におけるすべてのイギリス貿易に関して独占権（monopoly）を与えたことは[53]、商人の貿易航海が冒険でもあったことを象徴している。17世紀半ばまでイギリスでは、植民地貿易について外国の海運業者を利用することを制限した一連の法である「航海法（Navigation Acts）」によって、外国貿易が厳しく管理されていた。商社は、特定の地域に関する貿易投資グループに独占的な貿易権とそこからの利益を与える王の特許状によって、外国貿易を促されると共に規制されたのである。例えば、モスクワ会社（Muscovy Company）はロシア貿易、レバント会社（Levant Company）はトルコ貿易をそれぞれ独占し、ロイヤル・アフリカ会社（Royal African Company）、ハドソン湾会社（Hudson's Bay Company）、南海会社（South Sea Company）はすべて大西洋貿易に加わった[54]。クックの探検航海と商人の貿易航海という2つの方向からの探検や冒険が、イギリスの博物館の黎明期において、豊かなコレクションを可能にしたのである。

イギリスの歴史が海との関係によって形成されてきたことを改めて確認すると共に、イギリスの博物館コレクションの特徴と歴史的背景を理解するには、グリニッジ（Greenwich）の国立海事博物館（National

Maritime Museum） が示唆に富む。1934年に議会法（Act of Parliament）によって設立され、1937年に開館した国立海事博物館は、海事博物館として世界最大規模であると共に、4つのロイヤル・ミュージアムズ・グリニッジ（Royal Museums Greenwich）[55]のうちの代表的施設でもある。国立海事博物館のコレクションは、イギリスと海、航海、時間と空間の測量についての出来事を物語る[56]。英国海軍（Royal Navy）、とりわけネルソン提督（Horatio Nelson, 1758-1805）や1805年のトラファルガー海戦（Battle of Trafalgar）[57]に関して世界最高のコレクションを誇る国立海事博物館は、イギリスのアイデンティティーを最もよく体現するミュージアム[58]の1つといえるだろう。王室史と海事史の両方を現代に伝えるグリニッジの「公園と宮殿（park and palace）」の景観は、1997年12月にユネスコ世界遺産（UNESCO World Heritage Site）に登録されている[59]。

大英博物館

ジョージ3世のコレクションが収蔵されたキングス・ライブラリー（大英博物館内）

第4章　博物館と法律

国立海事博物館

キャプテン・クック
〔出典：National Maritime Museum, Greenwich, London, Greenwich Hospital Collection〕

ネルソン提督
〔出典:National Maritime Museum, Greenwich, London, Greenwich Hospital Collection〕

Nelson Navy Nation 展示室

〈注〉
1) 2017年現在の加盟国は 136 か国（地域を含む）で、約 3 万 5000 人の博物館専

第 4 章　博物館と法律

門家が参加している。ICOM 日本委員会 HP　https://www.j-muse.or.jp/icom/ja/（最
終閲覧日 2017 年 10 月 21 日）。

2 ）例えば、アメリカでは「博物館・図書館サービス法（Museum and Library
Services Act）」のように、1 つの法律が博物館と図書館の両方をカバーしている。
久末弥生『都市計画法の探検』（法律文化社、2016 年）135 頁。

3 ）大堀哲 = 水嶋英治編著『新博物館学教科書　博物館学 I ─博物館概論 * 博物館
資料論』（学文社、2012 年）40 頁。

4 ）ICOM 日本委員会による日本語訳。https://www.j-muse.or.jp/icom/ja/pdf/
ICOM_regulations.pdf（最終閲覧日 2017 年 10 月 21 日）。

5 ）教育と知的娯楽性を有する機関で、一過性ではなく常設機関であるすべてをそ
の範疇に置くのが、ICOM の基本的な思想とされる。大堀 = 水嶋・前掲（注 3）
19 頁。

6 ）1963 年とする国内文献もあるが、本書では ICOM HP「Development of the
Museum Definition according to ICOM Statutes（2007-1946）」http://archives.
icom.museum/hist_def_eng.html（最終閲覧日 2017 年 10 月 21 日）に依拠する。

7 ）倉田公裕 = 矢島國雄『新版 博物館学』（東京堂出版、1997 年）31〜34 頁、大堀
= 水嶋・前掲（注 3）19 頁。

8 ）吉田憲司『改訂新版 博物館概論』（放送大学教育振興会、2011 年）17〜18 頁、
大堀 = 水嶋・同上 40〜42 頁。

9 ）吉田・同上 15〜17 頁。

10）同上 15〜16 頁。

11）椎名慎太郎 = 稗貫俊文『現代行政法学全集㉕　文化・学術法』（ぎょうせい、
1986 年）235 頁。

12）大堀哲 = 水嶋英治編著『新博物館学教科書　博物館学Ⅳ─博物館資料保存論 *
博物館実習論』（学文社、2013 年）11 頁。

13）演劇や音楽、工芸技術などの無形文化財を制定当初から法的保護の対象とする
文化財法制は、世界に類を見ない。吉田・前掲（注 8）19 頁。特に、文化財保護
法 71 条 2 項が規定する、いわゆる人間国宝（正式名称は、重要無形文化財保持者）
に対する世界的な関心は高い。

14）吉田・前掲（注 8）19 頁。

15）同上 20 頁。

16）加藤有次『博物館学序論』（雄山閣、1977 年）61 頁。

17）大堀 = 水嶋・前掲（注 3）221〜222 頁。

18）加藤・前掲（注 16）61 頁。

19）大堀 = 水嶋・前掲（注 3）222 頁。

20）同上 222〜224 頁。

21）ジョセフ・L・サックス著、都留重人監訳『「レンブラント」でダーツ遊びとは
─文化的遺産と公の権利』（岩波書店、2001 年）340 頁、343〜344 頁。原書（First
paperbook edition）は、Joseph L. Sax, Playing Darts with a Rembrandt: Public

and Private Rights in Cultural Treasures, University of Michigan Press（2001）
である。なお、第6章1でも言及する。

22）サックス著、都留監訳・同上 339〜340 頁。

23）Marilyn E. Phelan, Museum Law: A Guide for Officers, Directors, and Counsel, Fourth Edition, Rowman & Littlefield（2014）p.4.

24）スミソンの伝記として、ヘザー・ユーイング著、松本栄寿 = 小浜清子訳『スミソニアン博物館の誕生―ジェームズ・スミソンと 18 世紀啓蒙思想』（雄松堂書店、2010 年）がある。

25）スミソニアン協会 HP https://www.si.edu/about（最終閲覧日 2017 年 10 月 21 日）。

26）Phelan, supra n.23 p.4.

27）高橋雄造『博物館の歴史』（法政大学出版局、2008 年）439 頁。日本では、1995 年のスミソニアン協会国立航空宇宙博物館（National Air and Space Museum）での「エノラ・ゲイ（Enola Gay）」の展示が知られている。吉田・前掲（注8）230 頁。

28）Phelan, supra n.23 p.4, pp.282-283.

29）Id. p.5.

30）Id.

31）Id. pp.6-7.

32）吉田・前掲（注8）36 頁、安高啓明『歴史のなかのミュージアム―驚異の部屋から大学博物館まで』（昭和堂、2014 年）27〜29 頁。

33）「陳列室」は基本的には、自然史コレクションを指す。カトリーヌ・バレ = ドミニク・プーロ著、松本栄寿 = 小浜清子訳『ヨーロッパの博物館』（雄松堂出版、2007 年）10〜11 頁。

34）安高・前掲（注 32）200 頁。

35）矢島國雄「19 世紀から 20 世紀西ヨーロッパにおける博物館展示の発達について―フォト・アーカイヴスを活用して」明治大学人文科学研究所紀要 78 冊（2016 年）153 頁。

36）大英博物館 HP http://www.britishmuseum.org/about_us/the_museums_story/general_history.aspx（最終閲覧日 2017 年 10 月 21 日）。

37）デイヴィッド・M・ウィルソン著、中尾太郎訳『大英博物館の舞台裏』（平凡社、1994 年）18 頁。

38）同上 21 頁。

39）バレ = プーロ著、松本 = 小浜訳・前掲（注 33）89 頁。

40）ウィルソン著、中尾訳・前掲（注 37）18〜21 頁、有地芽理改訂・翻訳『大英物館ガイドブック』（大英博物館出版局、日本語版公式ガイド、2003 年）6 頁、矢島・前掲（注 35）153〜154 頁。

41）バレ = プーロ著、松本 = 小浜訳・前掲（注 33）89 頁。

42）万国博覧会が都市計画に与えた影響については、第5章3参照。

43）吉田・前掲（注8）44〜45 頁。

44）文化庁監修『文化財保護法五十年史』（ぎょうせい、2001 年）418 頁。

45）安高・前掲（注 32）52〜53 頁。なお、日本における博覧会と博物館の関係については の文献として、椎名仙卓『日本博物館成立史─博覧会から博物館へ』（雄山閣、2005 年）がある。

46）有地改訂・翻訳・前掲（注 40）6 頁。

47）ウィルソン著、中尾訳・前掲（注 37）22 頁。

48）Richard Hough, Captain James Cook: a biography, Coronet Books Hodder & Stoughton（1995）pp.1-2; Vanessa Collingridge, Captain Cook: the life, death and legacy of history's greatest explorer, Ebury Press（2003）p.13.

49）Id. p.2; Robert Blyth, Quintin Colville, Jenny Gaschke, John Graves, Gillian Hutchinson, John McAleer, Pieter van der Merwe, Nigel Rigby and Claire Warrior, National Maritime Museum Souvenir Guide, National Maritime Museum（2012）p.70.

50）Blyth and eight others, supra n.49 p.71.

51）Hough, supra n.48 p.2; Id. p.70.

52）Blyth and eight others, supra n.49 p.71.

53）Id. p.26.

54）Id.

55）国立海事博物館、クイーンズ・ハウス（Queen's House）、王立天文台（Royal Observatory）、カティー・サーク号（Cutty Sark）の 4 つの総称。

56）Pieter van der Merwe（revised and re-edited）, John Bold, Charlotte Bradbeer and Pieter van der Merwe（original text, 1999 edition）, Maritime Greenwich Souvenir Guide, National Maritime Museum（2011）pp.56-57.

57）1805 年のトラファルガー海戦でのナポレオン 1 世（Napoléon Bonaparte, 1769-1821）に対するネルソンの勝利が、100 年以上にわたって無敵の海洋管轄地域をイギリスにもたらした。Blyth and eight others, supra n.49 p.21. なお、対ナポレオンという観点からイギリス史をまとめた文献として、Roger Knight, Britain Against Napoleon: The Organization of Victory 1793-1815, Penguin Books（2014）がある。

58）ヨーロッパの各地にできた美術館がその国の人々のアイデンティティーを育てるようになったという観点からは、フランスのルーヴル美術館（1793 年開館）に刺激を受けて 1838 年に設立された、ロンドンのナショナル・ギャラリー（National Gallery）が、設立の背景に国の威信、国家の安定化という大義があったことからも、イギリスのアイデンティティーと最も密接に関連するミュージアムと位置づけられている。吉荒夕記『美術館とナショナル・アイデンティティー』（玉川大学出版部、2014 年）127 頁。

59）Blyth and eight others, supra n.49 pp.6-7.

# 第5章 | 考古遺産法制と都市計画

## 1 イギリスの考古遺産法制と都市計画
——イングリッシュ・ヘリテッジに着目して

### ⑴ イギリスの遺跡保護[1]

#### ①指定遺跡と古代遺跡

イギリスでは 1882 年から、古代遺跡（ancient monuments）の制定法上の保護が行われてきた。遺跡は現在、1979 年の「古代遺跡および考古地域法（Ancient Monuments and Archaeological Areas Act 1979. 以下「1979 年法」という）」によって保護されている。

1979 年法 61⑺条は、「遺跡（monument）」を次のように定義する。

「(a) 地上や地下の建造物、建物、構築物、洞窟や穴、

(b) そのような建造物、建物、構築物、洞窟や穴の跡を含む遺跡、

(c) 上記(a)段落の遺跡の構造物にも構造物の一部にもならない、乗り物、船、航空機、移動構造やその一部、あるいは跡を含む遺跡、そして、分解しなければ取り外せないならば、遺跡に付け加えられたからくり部分は遺跡の一部と見なされる。」

1979 年法に基づく遺跡保護は、「指定遺跡（scheduled monument）」に分類されるか「古代遺跡（ancient monument）」に分類されるかによって保護の程度を異にし、指定遺跡には最大限の保護が与えられる。

57

指定遺跡とは、国務長官（Secretary of State）が国家的重要性をもつと思う場合にのみ指定リストに加えられる遺跡である（1979年法1条）。他方、古代遺跡は指定遺跡よりも幅広く定義され、指定遺跡に加えて、歴史、建築、伝統、美術、考古学上、重要な属性ゆえに公益性をもつと国務長官が考える他の遺跡も意味する。つまり、古代遺跡はすべての指定遺跡を含むが、その範囲に限られない。1979年法の下で国務長官は、保存を確保するために古代遺跡を強制取得する権限を与えられる。さらに、国務長官は、契約あるいは贈与によって古代遺跡を取得する権限を与えられる。同法12条によると、古代遺跡を取得する代わりに、国務長官は古代遺跡の後見人（guardian）に任命されてもよい。古代遺跡に後見を取り入れると、遺跡の既存の所有権を妨げることなく、遺跡を維持する義務は後見人に課されることになり、この目的のために後見人はコントロールと管理の権限を与えられる。また、遺跡への一般の人々のアクセスを可能にする義務も、後見人に課されることになる。

　イングランドには現在、指定遺跡が約1万9700件あるとされ[2]、その中にはストーンヘンジ（Stonehenge）、ロンドン塔（Tower of London）、ハドリアヌスの防壁（Hadrian's Wall）といった有名遺跡だけでなく、教会の跡、巨石の遺跡、十字架や石碑なども含まれている。また、ヒストリック・イングランド（Historic England）[3]が指定遺跡の再調査プログラムを進めており、指定遺跡として国務長官による保護が与えられる遺跡の件数が大幅に追加されることが期待されている。

　都市計画との関係では、1979年法2条の「指定遺跡承認（scheduled monument consent）」が重要である。同条によると、指定遺跡承認を最初に得ることなく指定遺跡で土木工事を行う者あるいはそれを許す者は、刑事犯罪をなすことになる。同条にいう土木工事には、取壊し、破壊、指定遺跡へのダメージ、指定遺跡やその一部の移動あるいは修

**58**

復、指定遺跡の改変あるいは付け加えること、指定遺跡が位置する土地の地中、地上、地下を浸水させるあるいは傾けることが含まれる。指定遺跡承認は要件に沿って与えられるが、1979年法3条に基づいて国務長官は、土木工事の実施について分類したり種類を特定する命令を定めてもよい。例えば、現行命令としては「1994年の指定遺跡（分類承認）命令（Ancient Monuments（Class Consents）Order 1994）」が存在し、土木工事が比較的重要でない性質の場合には、指定遺跡承認の適用を除外している。また、1979年法5(1)条は、指定遺跡の保存のために土木工事が緊急に必要な場合、国務長官は遺跡に入って土木工事を実施してもよいが、費用は通常は国務長官の負担であると定めている。

### ②重要考古地域

指定遺跡と古代遺跡に加えて、1979年法33条は「重要考古地域（areas of archaeological importance）」について国務長官による指定権限を定める。もっとも、重要考古地域指定は遺跡をダメージや破壊から保護するものではなく、開発計画が迫っている遺跡を発掘し記録する[4]時間を与えることを専らの目的としている。イングランドの代表的な重要考古地域としては、カンタベリー（Canterbury）、チェスター（Chester）、エクセター（Exeter）、ヘレフォード（Hereford）、ヨーク（York）などの旧市街が挙げられる。

都市計画との関係では、同法35条の「工事通知（operations notice）」が重要である。同条によると、重要考古地域が位置する土地の地方当局に工事通知を最初に出すことなく、土地を侵害し、浸水させるあるいは傾ける作業を指定地で行う者あるいはそれを許す者は、刑事犯罪をなすことになる。工事通知は、作業開始予定の少なくとも6か月前に出されなければならない。工事通知後、地方当局あるいは大学の考古学ユニットといった調査機関が当該遺跡に立ち入って詳し

く調査し、工事を監視し、発掘を行ってもよい。同条に基づいて発掘期間が延長されると、開発工事は最長で6か月間延期される可能性がある。

### ③開発計画立法に基づく遺跡保護

1979年法42⑷条は、指定遺跡、古代遺跡、重要考古地域などの保護地で承認を得ることなく金属探知機（metal detector）を用いる者が、刑事犯罪をなすことになると定める。イギリス家庭における小型の金属探知機の普及率が高いことから、民間人による盗掘行為を防ぐための規定と考えられる。

古代遺跡（指定遺跡を含む）や重要考古地域は、都市・地域レベルの開発計画立法の下でも保護される。開発計画は古代遺跡や重要考古地域の保護政策を含んでおり、特に指定遺跡への開発の影響は開発計画許可申請を判断する際に必ず考慮される。開発計画立法の例としては、「開発計画政策ガイダンス覚書16: 考古学と開発計画（Planning Policy Guidance 16: Archaeology and planning. 以下「PPG16」という）」、PPG16の後継である「歴史的環境についてのPPS5開発計画（PPS5 Planning for the Historic Environment. 以下「PPS5」という）」、1990年の「都市田園計画法（Town and Country Planning Act 1990. 以下「TCPA」という）」などがある。

PPS5は、地方レベルの開発枠組みが歴史的環境の保全と享有のための事前対策となる、積極的な政策を示さなければならないとする。さらに、「全国開発計画政策枠組み（National Planning Policy Framework）」の中で、より一般的なガイダンスが定められることになる。指定遺跡は通常、開発計画において保存対象とされており、影響を受けるのが指定遺跡かそうでないかは開発計画申請を判断する際に必ず考慮される。また、国務長官が回状（Circular 11/95 Appendix A, para 54）の中で活用を勧めている、開発計画許可を与えるためのモデ

**60**

ル要件の内容によっては、発掘記録資金を開発業者が提供しなければ
ならないだろうし、PPG16 の 30 段落や PPS5 の 139 段落から 140 段
落にも類似のガイダンスが置かれている。開発計画許可を開発業者に
与える代わりに、TCPA106 条に基づいて、遺跡における考古学上の
便宜[5]と資金提供を開発業者に負担させることも珍しくはない。

### ④遺跡保存と開発補償

　土地の開発が許可される場合、新建物案の下の地面の高さを上げる、
遺跡へのダメージを最小限にする基礎工事をする、あるいは将来的な
保存のために新建物の下に考古遺跡を密封するなどの工法によって、
遺跡へのダメージを最小限にすることが可能である。また、本来の場
所での遺跡保存が不可能な場合には、「記録保存（preservation by
record）」を目的とした考古学発掘が唯一可能な代案となる。記録保
存には、写真記録、報告書、発掘中に出土した重要な文化遺物の遺跡
の展示などによる、文書化プロセスが含まれる。

　1979 年法の下では、土地の開発価値の損失補償について、遺跡が
指定されたことに伴う損失は補償されない。しかし、土地開発に開発
計画許可が与えられた後に遺跡が指定遺跡になったために開発が頓挫
したならば、開発価値の損失は補償される。遺跡保存と開発補償が問
題になった例として、ロンドンのサザーク（Southwark）地区で再開
発予備作業中に発見されたローズ座（Rose Theatre）[6]跡をめぐる議論
がある。ローズ座跡を指定遺跡にしないという国務長官の判断が争わ
れた、ローズ座信託会社の申立てによる女王対環境国務長官判決（1990
年）[7]において高等法院（High Court）[8]は、国務長官が補償のリスクを
恐れて指定遺跡にしなかったのだろうと認めると共に、国務長官が
1979 年法に基づく指定権限を行使するかどうか判断する際には、遺
跡保存に協力するという開発業者の要望を考慮しなければならないと
認めた。この協力の結果、開発業者は 1 万ポンド以上の費用負担に同

意し、ローズ座跡を保護するために自ら開発案を再設計し、現場から
すべての杭を取り除き、劇場跡の土台を囲み、将来的な展示に備えて
遺跡上に十分な空間を確保した。開発業者によるこれらの提案は、ロー
ズ裁判所ビルの開発計画に含まれることになり、国務長官はローズ
座跡を指定遺跡として指定リストに加えることに決めた。

　イギリスの遺跡保護において、考古学者と開発業者との間の自発的
な協力は重要視されており、イギリス財産連盟（British Property
Federation）と考古学ユニット長常任協議会（Standing Conference of
Archaeological Unit Managers）が作成する自主的な実施規程（Code of
Practice）が、こうした協力を明確な形式に整えてきたという経緯が
ある。

## (2) イングリッシュ・ヘリテッジと遺跡保護

### ①イングリッシュ・ヘリテッジの位置づけ

　イギリスの遺跡保護を担う主な国家機関は、文化・メディア・スポ
ーツ省（Department for Culture, Media and Sport: DCMS. 以下「DCMS」
という）、ナチュラル・イングランド（Natural England）、環境庁（Environment
Agency）などである。もっとも、これらの機関には考古学の専門家
がいないとされ、DCMS の外郭団体[9]であるイングリッシュ・ヘリテ
ッジ（English Heritage）が遺跡保護に関する国レベルの政策を学術的
に支えてきた。イングリッシュ・ヘリテッジは資金面で DCMS に大
きく支えられているが、イングリッシュ・ヘリテッジの近年の幹部人
事に見られるように、人的交流についてはナショナル・トラスト出身
者や元海軍士官など多彩である。イングリッシュ・ヘリテッジは、
1983 年の「国家文化遺産法（National Heritage Act 1983. 以下「1983 年法」
という）」の制定に伴い、当時の環境省（Department of the Environment）
から独立するかたちで「イングランド歴史的建造物・遺跡委員会（Historic

第5章　考古遺産法制と都市計画

Buildings and Monuments Commission for England)」として 1984 年に設置され、後に「イングリッシュ・ヘリテッジ」に改称された[10]。

あくまでも特殊法人であるとはいえ、イングランドにおける遺跡保護行政に対するイングリッシュ・ヘリテッジの実質的な影響力は大きい。1983 年法の下、イングリッシュ・ヘリテッジの任務は大きく 2 つあり、1 つは「国家文化遺産コレクション（National Heritage Collection)」の保護・管理、もう 1 つは建造物の指定、開発計画問題への対処や開発計画許可の交付を含む、国レベルの文化遺産保護法制の管理・運営を担うものとされた[11]。国家文化遺産コレクションは 1882 年に当時の労働省（Office of Works)[12]が集め始めた建造物や遺跡が元になっており、1913 年にはイギリスを物語る偉大な場所・建造物の全コレクションを可能とするため同省に新たな権限を与える議会制定法（Act of Parliament）が可決された。こうした経緯からイギリスでは 19 世紀末からすでに、「イングランドの遺産は私的な不動産上の権利（private interest）に優先する」という考えが確立していたという背景がある。

②イングリッシュ・ヘリテッジと都市計画

都市計画との関係では、「指定建造物承認（listed building consent)」においてイングリッシュ・ヘリテッジが大きな役割を果たしてきた。イギリスの歴史的建造物には、グレードⅠ（Grade I）またはグレードⅡ*（Grade II*）の「指定建造物（listed building)」と、グレードⅡ（Grade II（unstarred)）建造物の、3 種類がある。歴史的建造物の指定や保全についての規定は現行法上、1990 年の「開発計画（指定建造物・保全地区）法（Planning（Listed Building and Conservation）Areas Act 1990. 以下「LBCA 法」という)」に置かれる。

LBCA 法 15⑸条の下で国務長官は地方開発計画当局に対して、指定建造物の申請やそれらに関する当局判断を人々に通知するよう指示

**63**

する権限をもつとされるが、この権限が近年は多方向に拡張している。例えば、2001 年 1 月の回状（Circular 01/2001. 以下「2001 年回状」という）「遺跡申請処理についての取決め―国務長官による通知・指示（Arrangements for Handling Heritage Applications — Notification and Directions by the Secretary of State)」は、指定建造物の取壊し作業あるいは一部の取壊しを含む指定建造物の改変作業のすべてについて承認申請を求めるし、承認申請に関してなされた判断は、イングリッシュ・ヘリテッジ、古代遺跡協会（Ancient Monuments Society）、イギリス考古学会議（Council for British Archaeology）、ジョージアン・グループ（Georgian Group）、古代建造物保護協会（Society for the Protection of Ancient Buildings）、20 世紀協会（Twentieth Century Society）、ヴィクトリア協会（Victorian Society）などに通知されるものとする。他方で 2001 年回状は、グレーターロンドン（Greater London. イギリスの首都圏）の外側ではいずれの歴史的建造物についても、地方開発計画当局がまずイングリッシュ・ヘリテッジに、次に国務長官に、指定建造物承認申請について通知するよう求めていた。しかし、2009 年 8 月の回状（Circular 08/2009）「遺跡申請処理（Handling Heritage Applications）」は 2001 年回状に代わる新たな指示として、指定建造物承認申請の判断に要する時間を短縮するために、承認申請についての国務長官への通知を不要とした。グレーターロンドンの内側でも、グレード I 指定建造物、グレード II*指定建造物、グレード II 建造物のいずれについても、地方開発計画当局はイングリッシュ・ヘリテッジに承認申請を通知するというほぼ同様の取決めがなされ[13]、都市計画におけるイングリッシュ・ヘリテッジの影響力は増大した。

　歴史公園・庭園（historic parks and gardens）の「公園・庭園登録（Register of Parks and Gardens）」を認定するのも、イングリッシュ・ヘリテッ

ジの役割とされてきた。登録の主な目的は、イギリスの文化遺産の重要部分をなす最高レベルの公園・庭園を認定し関心を高めることにあり、1984 年以来、イギリスの歴史において特に重要な 1600 近くの公園・庭園が認定されてきた。歴史的建造物と同様、公園・庭園登録地も 3 種類ある。「特別重要歴史公園・庭園（グレード I）」、「主要歴史公園・庭園（グレード II*）」、「特別歴史公園・庭園（グレード II）」である。公園・庭園登録地には指定建造物承認のような制定法上の保護がないので、通常の開発計画権限を越えてなされる開発工事や作業をコントロールする追加権限もない。もっとも、「開発管理手続命令（Development Management Procedure Order: DMPO）」16 条などが地方開発計画当局に対して、グレード I 歴史公園・庭園、グレード II*歴史公園・庭園に影響を及ぼす開発に開発計画許可を与える前にイングリッシュ・ヘリテッジに意見を聞くよう求めている。公園・庭園登録と同様の運用は、1991 年以来、イングリッシュ・ヘリテッジが認定してきた 43 か所の「戦跡登録（Register of Historic Battlefields）」の登録地においても実施されている。

**③イングリッシュ・ヘリテッジ、ナショナル・トラスト、ヒストリック・ロイヤルパレス**

イングリッシュ・ヘリテッジの実務内容は、所有する指定遺跡の調査、保存、活用が大部分を占めるが、このうち活用の場面ではナショナル・トラスト（National Trust[14]）の参入を徐々に認めている。ナショナル・トラストは 1895 年に当時の会社法（Companies Act）に基づいて設立された自然保護や遺跡保護を目的とする民間組織で、1907 年のナショナル・トラスト法（National Trust Act 1907）によって法人化された。ナショナル・トラストは現在、全英（ウェールズ、北アイルランドを含む）に 500 以上の信託地を所有し、管理、公開している。

また、ヒストリック・ロイヤルパレス（Historic Royal Palaces）は独

**65**

立の慈善財団であり、ロンドン塔、ハンプトンコート宮殿（Hampton Court Palace）、ホワイトホール宮殿のバンケティング・ハウス（Banqueting House）、ケンジントン宮殿（Kensington Palace）、キュー宮殿（Kew Palace）、ヒルズバラ城（Hillsborough Castle）という全英（北アイルランドを含む）の6つの王宮施設（指定遺跡や指定建造物を含む）を管理している。

**④イングリッシュ・ヘリテッジからヒストリック・イングランドへ**

イングリッシュ・ヘリテッジはイングランドに 400 以上の遺跡や歴史的建造物を所有、管理し、毎年1千万人を超えるビジターがこれらを訪れている。

2015 年 4 月 1 日にイングリッシュ・ヘリテッジは、「ヒストリック・イングランド（Historic England）」と「イングリッシュ・ヘリテッジ信託（English Heritage Trust）」という2つの組織に分かれた。このうちヒストリック・イングランドが、従来のイングリッシュ・ヘリテッジの後継法人である。他方、イングリッシュ・ヘリテッジ信託は新たな慈善財団であると同時に、「イングリッシュ・ヘリテッジ」の名称を継承した。これらの改革に伴って今後は、2023 年まで継続するヒストリック・イングランドからのライセンス（license）に基づいて、イングリッシュ・ヘリテッジのグループ全体（イングリッシュ・ヘリテッジ信託を含む）で歴史的場所・遺跡を保護し、人々にそれらを開放することになる。

ヒストリック・イングランドの役割については、次のように公表されている。

　「われわれは、イングランドの歴史的環境を守る公共組織（public body）である。

　われわれは、次のことによってこれを行う。

歴史的場所を擁護する

われわれの文化遺産を特定し、保護する

変化を支援する

歴史的場所を理解する

地方レベルでの鑑定[15]を提供する」

さらに、「2016～2019 年度法人計画（Corporate Plan 2016-2019）」では、ヒストリック・イングランドの 7 つの目標も公表された。すなわち、

「目標 1　イングランドの歴史的環境を擁護する

目標 2　イングランドの特別な歴史的建造物・場所を特定し、保護する

目標 3　歴史的建造物・場所を保護する変化を促進する

目標 4　所有者、地方当局、コミュニティー、ボランティアを含めて、歴史的建造物・場所に関心がある人々を助ける

目標 5　われわれの国の建造物・場所遺産の所有について、最大限可能な幅広い意味を与えるために、コミュニティー全体に関与する

目標 6　建造物・遺跡の国家文化遺産コレクションを管理し、保護する中で、そして財政面での自立を果たすために、イングリッシュ・ヘリテッジ信託の仕事を支える

目標 7　効果的に、能率的に、かつ透明性をもって、働く」

ヒストリック・イングランドの大部分が DCMS によって資金提供されている状況はイングリッシュ・ヘリテッジ時代と変わりないが、2022～2023 年度までに財政的に自立することが目標として明言され

ており、国レベルの「ヘリテッジ 2020（Heritage 2020）」戦略におけるヒストリック・イングランドの貢献度と共に、今後の動向が注目される。

ストーンヘンジ

ケンジントン宮殿（ヒストリック・ロイヤルパレスの1つ）

## 第5章 考古遺産法制と都市計画

ケンジントン宮殿から見た庭園

〔参考文献〕

本文中のほか、

Victor Moore and Michael Purdue, A Practical Approach to Planning Law, Thirteenth Edition, Oxford University Press, 2014

小野まり『図説 英国ナショナル・トラスト紀行』河出書房新書、2006年

ジュリアン・リチャーズ『ストーンヘンジ』イングリッシュヘリテイジガイドブックス学芸員部門ナショナルコレクションズグループ、2015年

濱田耕作『通論考古学』岩波文庫・青N120-1、2016年

久末弥生「日仏の考古遺産法制と都市計画」行政法研究15号、2016年

宮北惠子＝平林美都子『イギリス・ヘリテッジ文化を歩く―歴史・伝承・世界遺産の旅』彩流社、2016年

〔参考資料〕

イングリッシュ・ヘリテッジHP http://www.english-heritage.org.uk/

ナショナル・トラストHP https://www.nationaltrust.org.uk/

ヒストリック・ロイヤルパレスHP http://www.hrp.org.uk/（最終閲覧日2017年10月3日）

## 2　日仏の考古遺産法制と都市計画

　世界遺産委員会（World Heritage Committee）の国際的協力機関で

ある国際記念物遺跡会議（International Council on Monuments and Sites: ICOMOS. 以下「ICOMOS」という）が昨年、創設 50 周年を迎えた。世界文化遺産の評価を行う ICOMOS の活動は、各国の国内法の整備や考古遺産の保存に関する基準づくりにも影響を与えてきた[16]。国レベルでの考古遺産法制において大きな課題の 1 つとなるのが、考古遺産の保護と都市計画の推進との調整をいかに図るかという点である。本章 2 では、フランス（Ⅰ）と日本（Ⅱ）における考古遺産法制と都市計画の関係を分析し、展望を探る。

## Ⅰ　フランスの考古遺産法制と都市計画
### ——予防考古学に関する規定を中心に

### ⑴　はじめに

　2000 年以降のフランスでは、都市計画法について 2 つの大きな改革があった。「都市の連帯と刷新に関する 2000 年 12 月 13 日法（Loi du 13 décembre 2000 relative à la solidarité et au renouvellement urbains. 以下「SRU 法」という）」による都市計画法典（Code de l'urbanisme）の大規模な改正と、2007 年に始まった環境グルネル（Grenelle de l'environnement）の成果物である「環境グルネルの実施に関する 2009 年 8 月 3 日プログラム法（Loi du 3 août 2009 de programmation relative à la mise en œuvre du Grenelle de l'environnement. 通称「グルネルⅠ法」）」および「環境のための国家投資に向けての 2010 年 7 月 12 日法（Loi du 12 juillet 2010 portant engagement national pour l'environnement. 通称「グルネルⅡ法」）」による都市計画法典の改正である[17]。

　他方、2001 年には、予防考古学に関するフランス最初の法となる「予防考古学に関する 2001 年 1 月 17 日法（Loi du 17 janvier 2001 relative à l'archéologie préventive. 以下「2001 年法」という）」が制定された。2001 年法は、1992 年 1 月 16 日にマルタで欧州評議会（Council of

第 5 章　考古遺産法制と都市計画

Europe）が採択した「考古遺産保護のための欧州条約（Convention européenne pour la protection du patrimoine archéologique. 通称「マルタ条約」）」を批准したフランスが、国内法として制定したものだった。もっとも、2001 年法は、「予防考古学に関する 2001 年 1 月 17 日法を修正する 2003 年 8 月 1 法（Loi du 1er août 2003 modifiant la loi du 17 janvier 2001 relative à l'archéologie préventive. 以下「2003 年法」という）」によって抜本的に改正されることになる[18]。

　フランスにおいて、都市計画と考古遺産法制は密接に関連する。というのもフランスは、強力な考古遺産法制の下で国が遺跡保護を牽引し、都市計画も基本的には考古遺産法制に従うものとされるからである。一般的な考古遺産のみならず、水中文化遺産に関する国内法の条文も有するフランスは、考古遺産法制の先端を行く国といえる。

　本章 2 の I では、都市計画と考古遺産の共存がフランスの考古遺産法制においてどのように図られているのかを概観し、日本法への示唆を探る。

## (2) 予防考古学と都市計画の関係

　本章 2 では、国際的な考古学用語の用例に従い、文化遺産のうち特に埋蔵文化財に着目したものに、"Archaeological Heritage" の訳語である「考古遺産」を当てる。また、「予防考古学（archéologie préventive）」とは、考古学的に意味のある土地で開発計画がある場合、開発によるダメージを未然に防ぐための調査をいう[19]。調査には試掘調査と発掘調査の 2 つがあり、試掘調査後に必要と判断されると本格的な発掘調査が行われることになる。表層を調査する試掘調査費用に比べると、深層を調査することになる発掘調査費用は非常に高額である。試掘調査と発掘調査のいずれにおいても、調査報告書が作成される。

71

なお、フランス文化遺産法典（Code du patrimoine）については、2016年6月現在で最新の2016年2月6日版に依拠している。

フランスで最初の予防考古学に関する法である2001年法は、1997年1月のロデズ事件を直接の契機に制定された。ロデズ事件とは、フランス南部の古都ロデズ（Rodez）でジュペ首相（Alain Marie Juppé, 1945-）による遺跡保護行政への政治介入により、市街中心部の中世城郭が事前の調査なく破壊される危機に陥った事件である[20]。2001年法の制定を導いたのは、ロデズ事件だけではない。都市計画や国土整備の実施によって遺跡が冒瀆的なダメージを受ける事件が頻発し、法学者のモラン‐ドゥビレー（Jacqueline Morand-Deviller）を中心に、特に都市整備に伴う地下駐車場の建設による損壊から遺跡を救出する（sauvetage）[21]ために予防考古学を取り入れた法を緊急に制定する必要性が叫ばれたのである。フランスでは従来から、考古遺産法制が都市計画法典、鉱山法典（Code minier）、国土整備手続の中に組み込まれており、例えば、遺跡の発見は建設現場に中止を命じるとされた。しかし、発掘調査の期間と費用は、開発側の国、整備主体、建築業者などと保護側の全国考古学発掘協会（Association pour les fouilles archéologiques nationales: AFAN. 以下「AFAN」という）との厳しい契約交渉次第の上に、AFANは法的安全を保証するわけではないので、遺跡保護として十分とはいえなかった[22]。

いくつもの立法背景によって制定が実現した2001年法だが、同法に基づいて2002年に新設された国立予防考古学研究所（Institut national de recherches archéologiques préventives: INRAP. 以下「INRAP」という）[23]の独占体制や、莫大な調査費用を予防考古学納付金（Redevance d'archéologie préventive: RAP. 以下「RAP」という）として算定したものをINRAPの運営資金に充てるシステムが批判され、2003年法によって改正されることになった。

第5章 考古遺産法制と都市計画

　翌2004年にフランス文化遺産法典（Code du patrimoine. 以下「文化遺産法典」という）[24]が編纂され、2003年法は、「考古学発掘の規制に関する1941年9月27日法（Lois du 27 septembre 1941 portant réglementation des fouilles archéologique. 通称「カルコピノ法」[25]）」、「海洋文化資源に関する1989年12月1日法（Loi du 1er décembre 1989 relative aux biens culturels maritimes）」と共に、文化遺産法典の第5巻に収録された[26]。その後、何度か改正はあったが、基本的には2004年の文化遺産法典が現行法として維持されている。

　都市計画法典の改正についてはすでに述べたが、とりわけSRU法による同法典の大規模改正の影響は、文化遺産法典にも見られる。SRU法の最大の柱は、都市ネットワークを構築するための「連帯（solidarité）」にある。同法は、従来の「土地占用プラン（plan d'occupation des sols: POS. 以下「POS」という）」を「都市計画ローカルプラン（plan local d'urbanisme: PLU. 以下「PLU」という）」に、「指導スキーム（schéma directeur: SD. 以下「SD」という）」を「広域一貫スキーム（schéma de cohérence territoriale: SCOT. 以下「SCOT」という）」にそれぞれ改めつつ、従来からの二層構造の都市計画システムを維持する。すなわち、POSおよびPLUが各コミューンレベルの都市計画であるのに対して、SDおよびSCOTはコミューン間協同レベルの都市計画であり、SRU法の主眼は後者のレベルにあると考えられている。また、SCOTはSDに比して手続や指導者の明白性を意識しており、PLUはPOSよりも環境保護と経済発展とのバランスに配慮した中間的な社会における都市計画を想定している[27]。その背景には、1980年代から続く地方分権の流れがある。2003年法もまた、地方分権と発掘調査民営化を背景とするところ[28]、考古遺産法制に見られる強力な中央集権の傾向が若干とはいえ緩和されることになったのは、同時期の都市計画法典の改正と無関係ではないと考えられるからである。

73

文化遺産法典 L.521-1 条によると、「予防考古学は、公役務の業務
（missions de service public）に属し、考古学の一部をなす。予防考古
学は、すべての学術研究に適用される原則によって規制される。予防
考古学は、適切な期間内での地上および水中の学術調査により、整備
に伴う公共工事や民間工事によって影響を受けるあるいはその恐れが
ある考古遺産の要素を、確実に探知、保存、保護することを目的とす
る。予防考古学はまた、得られた成果を解釈し普及することも目的と
する。」とされる。

## (3) 国の管轄と制裁規定

　フランスでは国が遺跡保護を強力に牽引することは先に述べたが、
それを明言するのが文化遺産法典 L.522-1 条である。すなわち、「国は、
学術研究、文化遺産の保存、経済的・社会的発展というそれぞれの要
請を調整するよう配慮する。国は、学術調査による考古遺産の探知、
保存、保護のための措置を命じ、すべての予防考古学作業の学術責任
者を指名し、これらの作業の監督と評価を確実に行う」。実際には、
州考古学課（service régional de l'archéologie: SRA）が学術調査による
考古遺産の探知、保存、保護のための措置を命じ、州知事がすべての
予防考古学作業の学術責任者を指名し、これらの作業の監督と評価を
保証することになる。このような、国を挙げての遺跡保護行政を可能
にするのが、予防考古学の予測的アプローチ（approche prédictive de
l'archéologie préventive）を 取 り 入 れ た「 全 国 考 古 学 地 図（carte
archéologique nationale）」である。文化遺産法典 L.522-5 条によると、
「全国考古学地図は、国土全体について利用可能な考古学データを集
めて整理し」たものであり、「国は、全国考古学地図の枠組み内で、
地下に影響を及ぼす整備計画が、その実施前に考古学上の命令を受け
ると思われる区域（zones）を定めることができる」。また、これらの

**74**

区域外での計画については、法的な努力が直接求められる。文化遺産法典 L.522-4 条が、「L.522-5 条……で定められた考古学区域（zones archéologiques）の外で整備、建設、工事を計画する者は、その計画が考古学試掘調査（diagnostic archéologique）の命令を受ける可能性があるかどうか、国に検討を申し立てることができる。」と規定するからである[29]。

　文化遺産法典 L.522-3 条は、保存規定である。すなわち、「遺跡の価値が保存を認めさせる時、行政当局は歴史記念物（monuments historiques）に関する規定で定められた要件内で、土地の全部または一部の指定手続（instance de classement）を所有者に通知する」。同条は結果的に、遺跡の本来の場所での維持をもたらし、文化・通信大臣から土地所有者への通知によって、土地の全部または一部について歴史記念物としての指定手続が開始されることになる[30]。

　フランスの遺跡保護行政において中央集権の傾向が強いのは、特に歴史記念物に指定されるような遺跡が戦争賠償であることが多いからだとの指摘もある。歴史的な背景によって、国が優先的に考古学調査を行い、歴史記念物の法的保護とメンテナンスの業務を与えられているというのである[31]。また、「歴史記念物と工芸品の保護に関する 1887 年 3 月 30 日 法（Loi du 30 mars 1887 sur la conservation des monuments historique et des objets d'art）」[32]の制定は、革命によって成立した近代国家フランスが、過去のフランスからの継続性を明確にするための行為でもあったとの指摘がある[33]。1980 年代からは地方分権（décentralisation）が進んだとはいえ、遺跡を根本的には国有財産（patrimoine national）と捉える点が、やはり特徴的といえるだろう。

　フランスにおける発掘体制は、国による発掘許可（autorisation de fouilles）を基本とする。すなわち、「何人も、先史時代、歴史、芸術、考古学に関係する記念物や遺物を調査するために、事前の許可を得る

ことなく、自己または他人の所有する土地で発掘あるいは試掘をしてはならない」（文化遺産法典 L.531-1 条）。許可は必要だが例外もあり、国自らが発掘や収用を行うことができ、すべての発見は届出が必要となるというのが、フランスの発掘体制の概要である[34]。制裁規定としては、大きく 2 つのものが用意されている。罰金に関する規定と、発掘許可の取消しに関する規定である。

発掘許可を得なかった場合は 7500 ユーロの罰金が科されるし（同 L.544-1 条）、発見物の届出や保存を怠っても 7500 ユーロの罰金が科される（同 L.544-2 条）。遺跡を偶然に発見した場合についても、届出を怠るか虚偽の届出を行うと 3750 ユーロの罰金が科される（同 L.544-3 条）。

また、文化遺産法典 L.531-6 条が、発掘許可の取消しについて次のように規定する。

「許可の交付を管轄する行政当局は、所轄の学術諮問機関の意見に基づいて採択されたアレテ（arrêté、命令）によって、以前に与えた発掘許可の取消しを宣言することができる：

a) 調査実施のため、あるいは発見物保存のために課される規定が、遵守されない場合；

b) 発見物の重要性により、行政当局自らが発掘の実施を続行しなければならない、または土地の取得を進めなければならないと考える場合。

行政が許可取消しの意思を通知した日から、発掘は中止されなければならない。許可の交付を管轄する行政当局が通知日から 6 か月以内に発掘許可の取消しを宣言しなければ、許可に関するアレテにより定められた要件内で発掘を再開できる。

この期間中、発掘が実施された土地は歴史記念物に指定されたも

のと見なされ、指定のすべての効果が適用される」。

　発掘調査実施のために課される規定に違反して許可を取り消された場合、調査実施者は立退きや支出費用を理由とするいかなる補償も要求できないが、発掘が国により続行されるならば、そこで役立つかもしれない工事や設備の価格償還（remboursement）を得ることができる（同 L.531-7 条）。国が自らの指揮の下で発掘を続行し土地を取得するのを可能にするために発掘許可が取り消された場合、調査実施者は支出費用全額の価格償還と特別補償金（indemnité spéciale）を得ることができる（同 L.531-8 条）。

## (4) 土地の使用制限──短期的公用占用、取得、収用
　遺跡が存在する土地の所有権について、文化遺産法典 L.541-1 条は次のように規定する。

　「土地の所有権に関する民法典 552 条の規定は、不動産の考古遺跡には適用されない。
　国は、遺跡がある土地の所有者に、当該遺跡にアクセスする際に生じる損害を補償するための補償金（indemnité）を支払う。協議による合意がなければ、損害賠償訴訟（action en indemnité）が司法裁判官の前に提起される。
　遺跡が偶然に発見され活用をもたらす時、この活用を保証する者が発見者に、見積もり補償金（indemnité forfaitaire）を支払うか、遺跡活用の成果を分配する。見積もり補償金と利益分配は、発見物の考古学的価値に応じて、コンセイユ・デタのデクレ（décret、政令）により定められた上限と方式に従って計算される」。

フランス民法典（Code civil）552条は「土地の所有は、地上と地下の所有を含む。」と規定するが、考古遺跡には同条が適用されず、2つのタイプの制限が加わることになる。1つは地役権設定型の制限となる最長5年間の土地の短期的公用占用（occupation temporaire des terrains）、もう1つは所有権剥奪型の制限となる取得（acquisition）あるいは収用（expropriation）である。

まず、「国は、国有地以外の土地において、建物に隣接し壁または同等の塀に囲まれた土地でなければ、先史時代、歴史、芸術、考古学に関係する発掘や試掘を職権で行うことができる。」し、土地所有者との協議による合意がなくても、行政当局の決定によって公益性（utilité publique）が宣言され、最長5年間の土地の短期的公用占用が認められることになる（同L.531-9条）。行政当局が歴史記念物に指定するか取得しないかぎり、当該土地は発掘期間の終了時に元の状態に戻されなければならない。これがなされない場合や、土地の短期的公用占有による土地使用権の一時的な剥奪（privation momentanée）については、「公共工事の実施によって私有財産に生じる損害に関する1892年12月29日法（la loi du 29 décembre 1892 relative aux dommages causés à la propriété privée par l'exécution des travaux publics）」の規定によって損害がカバーされる（同L.531-10条）。

次に、「主な収用の対象となる不動産にアクセスするためか、発掘中に発見された記念物や遺物を隔離するまたは取り出すために取得が必要な不動産は、収用可能な不動産に含まれる」（同L.531-12条）。文化遺産法典L.531-13条はさらに、次のように続ける。

「行政当局が不動産所有者に自らの収用遂行の意思を通知した日から、当該不動産は歴史記念物に指定されたものと見なされ、指定のすべての効果が全面直接的に適用される。通知から6か月以内に

公益性宣言がなされなければ、指定の効果は失われる。

公益性宣言後、当該不動産は行政当局の決定手続なしで、歴史記念物に指定されうる。

所有者への立退き料（indemnité d'éviction）の価格決定の際、収用不動産内でこれから発見されるかもしれない記念物や遺物の価値は考慮されない」。

## (5) 国立予防考古学研究所（INRAP）と予防考古学納付金（RAP）

### ①国立予防考古学研究所（INRAP）

予防考古学試掘調査は、行政的性格をもつ国の公施設であるINRAP（文化遺産法典 L.523-1 条）、あるいは地方公共団体や地方公共団体連合の所管である考古学課に託される（同 L.523-4 条）。INRAPは AFAN を引き継ぐ公施設で（同 L.523-3 条）、予防考古学作業の学術利用とそれらの成果の普及を保証し、教育、文化の普及、考古学の活用に協力する（同 L.523-1 条）。INRAP は理事会により運営され、理事長はデクレによって指名され、理事長のほか、国の代表者、有識者、考古学研究分野の研究・高等教育機関や公施設の代表者、地方公共団体の代表者、予防考古学によって活動が影響を受けるあるいはその分野で活動する公法人または私法人、INRAP 職員から選ばれた代表者を含む（同 L.523-2 条）。INRAP はまた、17 名のメンバーで構成される学術会議（conseil scientifique）によって補佐される[35]。2003 年法により、地方公共団体の考古学課や民間団体も発掘調査を実施できることになったが、INRAP の独占傾向は根強い。また、試掘調査の実施は、INRAP と地方公共団体の考古学課に限られている[36]。

都市計画との関連では、文化遺産法典 L.523-8 条が注目される。同条によると、「予防考古学の発掘作業の実施は、その命令の原因となった工事の実施を計画する者の責任である」。つまり、フランスにお

いても日本同様、原因者負担が採られている。工事を計画する者は、INRAP、地方公共団体の考古学課、国が与える認可によって学術的な能力を保証されたその他すべての公法人または私法人に呼びかけることになるが、工事の実施を計画する者が私法人の時、発掘作業者は同法人からもその株主からも、直接的または間接的にコントロールされてはならない（同L.523-8条）。同条は、2003年法による競争入札の導入に対応した規定である。さらに、「分譲地（lotissement）または協議整備区域（zone d'aménagement concerté: ZAC. 以下「ZAC」という）について、整備計画を実施するあるいは実施させる公法人または私法人は、整備計画全体に対して発掘作業を保証する。」という同条の文言が、都市計画よりも遺跡保護を優先させるフランスの遺跡保護行政を端的に示している。なお、工事の実施を計画する者とINRAP、地方公共団体や地方公共団体連合の考古学課との間では契約（convention）が締結されるが（同L.523-7条）、発掘を許可するのは国であり、発掘作業者は国の代表者たちの監視下に置かれる（同L.523-9条）。予防考古学の発掘作業がINRAP以外の作業者によって実施される時、その作業者は国とINRAPに発掘調査報告書1部を提出しなければならず、作業に関する資料は国に引き渡されることになる（同L.523-11条）。

②エリートインベスト社事件判決

予防考古学が問題になった判例として、エリートインベスト社事件についてのコンセイユ・デタ2014年2月19日判決[37]がある。事件の概要は、次のとおりである。リヨン市の住宅不動産開発会社であるエリートインベスト社（société Elite invest. 以下「エリート社」という）が市内の住宅建物の建築許可（permis de construire）を得たところ、ローヌ＝アルプ州知事から文化遺産法典L.522-1条に基づく2005年6月30日のアレテ（arrêté du 30 juin 2005）による土地の試掘調査を当該不動産の建設前に実施するよう命じられたので、エリート社は同

第 5 章　考古遺産法制と都市計画

L.523-7 条に基づいて INRAP と契約を締結した。ところが、INRAP が 2006 年 12 月 1 日に州考古学課に提出した試掘調査報告書には不備があったので、州知事は INRAP に補正を求めた。具体的には、報告書に添付された写真について、より良い質の写真を提出することで補うよう求めた。州知事は、INRAP による新報告書の提出を待って 2007 年 7 月 12 日のアレテ（arrêté du 12 juillet 2007. 以下「2007 年アレテ」という）により考古学発掘を命じたが、INRAP が新報告書を提出した 2007 年 6 月 25 日には文化遺産法典 L.522-2 条の定める 3 か月の期間を徒過していたとして、エリート社は 2007 年アレテの越権（excès de pouvoir）を争った。同条によると、「発掘調査命令は、試掘調査報告書の受け取りから 3 か月以内に出される。期間内に命令がなければ、国は命令の発布を放棄したものと見なされる。」（文化遺産法典 L.522-2 条）。リヨン地方行政裁判所 2010 年 2 月 11 日判決（以下「2010 年判決」という）は 2007 年アレテを取り消したが、リヨン行政控訴院 2011 年 2 月 8 日判決は控訴人の文化・通信大臣の主張を認めて 2010 年判決を取り消した。そこで、エリート社ほかが上訴したのが本件である。

　文化遺産法典 L.522-1 条と「予防考古学における行政と財政の手続に関する 2004 年 6 月 3 日のデクレ（3 juin 2004 relatif aux procédures administratives et financières en matière d'archéologie préventive. 以下「2004 年デクレ」という）」14 条の適用により、州知事は整備工事の開始前に試掘調査の実施を命じることができる。この試掘調査に基づいて当局は、遺跡についての考古学データを集めて最終的な発掘調査報告書で一連の成果を示すための発掘調査の実施、あるいは発掘調査の実施の全部または一部の回避しうる整備計画内容の修正を命じることができる。工事の実施を計画する者は、文化遺産法典 L.523-7 条に従って、INRAP、地方公共団体や地方公共団体連合の考古学課と試掘調査実施の契約を締結することになるが、「作業者側の理由で試掘調査が契

**81**

約で定められた期間内に完了しない時、試掘調査命令は行政手続（voie réglementaire）で定められた期間の満了で失効したと見なされる。」（同 L.523-7条）。つまり、文化遺産法典 L.522-2条と 2004年デクレ 19条 の適用により、試掘調査報告書の受け取りから 3か月で、州知事の発 掘調査命令は時効にかかる。また、「作業報告書の内容と体裁の規準 を定める 2004年 9月 27日のアレテ（arrêté du 27 septembre 2004 portant définition des normes de contenu et de présentation des rapports d'opérations. 以下「2004年アレテ」という）」5条によると、報告書は少 なくとも、データや情報の体系的分析を含めて作業の知見を詳細に説 明し、特に層位・遺構・動産の分析に基づく空間・機能・年代順の構 想について全体として一貫性のある考古学を追求し特徴づけようとす るデータの組織化を提案し、記述・年代・解釈の正当化に必要なグラ フや写真が説明と共に用いられ、特別な調査・分析が発掘の成果に結 びつく、という要素を含むものでなければならない。

　2004年アレテ 5条が定める内容と体裁を満たさない試掘調査報告 書であっても、州知事は受け取らざるを得ないため、特に報告書に添 付されたグラフや写真に不備がある場合が問題となる。この点につい てコンセイユ・デタは、州知事の発掘調査命令の時効が、「知事が理 由のすべてを理解し、満期時に、自ら判断し、必要な保護措置をとる ことができるような、すべての情報要素を含む報告書の受け取りから 起算して 3か月後である」と判示した。本件の試掘調査報告書の写真 資料の「写真プリント（焼き付け技術）が並以下の質」であったこと に加えて、2004年アレテ 8条が必要と定める銀塩写真プリントが全 くなかったため、このような報告書を州知事が 2006年 12月 1日に受 け取っても、この日から発掘調査命令にかかる 3か月の期間が起算さ れるわけではないとして、コンセイユ・デタはエリート社の上訴を棄 却した。

**82**

### ③予防考古学納付金（RAP）

INRAP の運営資金は、国あるいはその他すべての公法人または私法人の助成金、発掘作業の報酬、RAP によって保証される[38]。とりわけ RAP は、INRAP を資金面で大きく支えると共に、INRAP が運営する予防考古学国家基金（Fonds national pour l'archéologie préventive: FNAP）とも連携している。RAP は 3000 平方メートル以上の面積の土地について（文化遺産法典 L.524-7 条）、地下に影響を及ぼす工事すなわち、都市計画法典の適用により事前の許可または届出が必要となる工事、環境法典の適用による環境調査（étude d'impact）の原因となる工事、その他の洗掘工事の場合でコンセイユ・デタのデクレにより定められた方式に従って事前の行政的な届出が必要となる工事、の実施を計画する法人に課される。分割して実施する場合、考慮される土地面積は工事の全体計画の面積である（同 L.524-2 条）。都市計画との関連では、ZAC が適用除外とされている（同 L.542-4 条）ことが興味深い。また、RAP が徴収されるのは、課税基礎となった土地について 1 度のみである。考古遺産の学術調査による探知、保存、保護することを目的とする作業の対象にすでになっている時、RAP は課されない（同 L.524-6 条）。RAP の法定額は 1 平方メートル当たり 0.50 ユーロからであるが、建設費用指数に応じて変動する（同 L.524-7 条）。

RAP は、土地所有者の使用権（droit d'usus）に制限をもたらすものとして学説上、批判されている。また、「破壊者＝支払者」原則（principe 《casseur/ payeur》）すなわち原因者負担の考え方が、遺跡を消滅させるあるいは損害を与える恐れがある工事を、所有権の濫用として定義づけることにつながることも指摘されている。したがって、土地所有者を苦しめる義務が、所有者側の公財政負担に照らして、異常かつ特別な不平等に相当する性質を示していないかどうかを明確にすることが課題となる。そこで整備主体が、その土地がもつ考古学上の潜在的

な新発見に伴うリスク費用を負担することになる。つまり、考古学者が遺跡の中に保護すべき財産を見いだし、整備主体を破壊者と見なす一方で、整備主体は遺跡の中に、自分たちが犠牲になる不測の事態としての考古学上のリスクの現実化を見るのである[39]。

　フランスでは現在、RAP の納付額の将来的な引き下げが論じられることはあっても、具体的な RAP の納付が争われることはほとんどない（コンセイユ・デタ 2010 年 12 月 23 日判決[40]が、上訴人であるエコロジー・開発・持続可能な整備大臣の主張を認めて、RAP の一部免除を SCI des Vernes 社に対して認めたブザンソン地方行政裁判所 2007 年 5 月 31 日判決をナンシー行政控訴院に移送した例はある。もっとも、RAP 以外の税の免除がもっぱら争われた事例だった）。RAP へのた・か・り・の構造が指摘されることもあるが、むしろ考古遺産保護について一定のコンセンサスが確立していると見るのが素直だろう。考古遺産の保護が長期的な利潤を国にもたらすことを、フランスは歴史的にかつ市場原理を通じて熟知している。こうしたコンセンサスを支える要素として、フランス全土で数十万ともいわれるあらゆるレベルでのアソシアシオン（association、非営利団体）の存在や、RAP を納付する企業の巨大化[41]なども挙げられるだろう。

### (6) 水中文化遺産に関する規定

　2001 年にユネスコの第 31 回総会で採択された水中文化遺産保護条約（Convention on the Protection of the Underwater Cultural Heritage）が、2009 年に発効した。1985 年のタイタニック号（the Titanic）の発見が制定の契機とされる同条約に[42]、海洋国の日本は批准していない（2016 年 6 月現在）。他方、批准国でもあるフランスは、水中文化遺産に関する国内条文をすでに整えた数少ない国の 1 つである[43]。具体的には、文化遺産法典 L.532-1 条から同 L.532-14 条までが「海中文化財（Biens

**84**

culturels maritimes）」規定とされている。フランスは複数の海外領土を有し、水域面積が世界 2 位であることから[44]、水中文化遺産の保護に意欲的である。

文化遺産法典 L.532-1 条は、海中文化財を次のように定義する。「海の公有地（domaine public maritime）または隣接地帯の海底に位置し、地層、漂流物、遺跡、あるいは先史学、考古学、歴史学上の価値を示す広くすべての財が、海中文化財となる」。なお、「海中」は「水中（subaquatique）」に読み替え、海中のほか湖や河川にあるものを加えるのが学説上、一般的である。陸上の場所と水中の場所との潜在的な入り組みの連続を考慮すると、「潜水が必要な作業現場にある、海中考古学（archéologie sous-marine）に関するもの」と解されるからである[45]。国の管轄との関係では、同 L.532-2 条が興味深い。すなわち、

　「海の公有地に位置する海中文化財で、所有者を特定できないものは、国に帰属する。

　所有者を特定できなかった海中文化財は、発見が公表された日から 3 年の期間の終了時に、国に帰属する。この公表の要件は、コンセイユ・デタのデクレにより定められる」。

海中文化財の国有化を規定する文化遺産法典 L.532-2 条については、水中文化遺産保護条約に抵触しないかが懸念される。この点、同条約は水中文化遺産を国際化しないどころか、自らの領海内に位置するか管轄下にある水中文化遺産への介入を規制し許可することを、沿岸国の排他的権利（exclusive right）として明確に認める（水中文化遺産保護条約 7 条）。つまり、通常の文化遺産に比べると水中文化遺産は、世界遺産（patrimoine mondial）としての側面よりもむしろ国有財産（patrimoine national）としての側面が尊重されることになる。

**85**

フランスにおいて、海中文化財の発見者の義務は、その他の考古遺産のそれよりも概して厳しい。海中文化財の発見者は、それを元の場所に置き、損傷してはならないし、発見または最初の港への到着から48時間以内に行政当局に届け出なければならない（文化遺産法典 L.532-3 条）。届出を怠るか虚偽の届出を行うと3750ユーロの罰金が科される（同 L.544-3 条）のは、その他の考古遺産を偶然に発見した場合と同様である。また、「届出者が相次ぐ場合、その中の最初の者に恩典が認められる」（同 L.532-5 条）とされ、文化遺産法典 L.532-2 条の適用により国有化される海中文化財の発見者が届出を行うと、行政当局が定める種類や金額の褒賞（récompense）を与えられる（同 L.532-6 条、同 L.532-13 条）。

　都市計画の観点からは、文化遺産法典 L.532-7 条が関連しうる。すなわち、

　　「何人も、申請者の資格と調査の性質・方式に応じて交付される行政許可（autorisation administrative）を事前に得ることなく、海中文化財の位置を確定できる特別な機材一式を使った探査や、発掘、試掘をしてはならない。
　　海中文化財のあらゆる移動または採取には、同じ要件で、行政許可を事前に得る必要がある」。

　許可を得なかった場合に7500ユーロの罰金が科される（同 L.544-6 条）のは、その他の考古遺産の発掘許可を得なかった場合と同様である。なお、海中文化財の保存が危うい時、行政当局は所有者に催促した後に、職権で保存措置をとることができる（同 L.544-10 条）。また、文化遺産法典 L.544-11 条は、取得について次のように規定する。

第5章　考古遺産法制と都市計画

　「行政当局は、所有者が所見を述べることができるようにした後に、海の公有地に位置する海中文化財の国による取得（acquisition）の公益性を宣言することができる。所有者の合意がなければ、コンセイユ・デタのデクレにより公益性が宣言される。

　所有権の移転は、所有を査定して事前に支払われる補償金（indemnité）と引き換えに、一般法の司法裁判所により言い渡される。この補償は、直接的損害、物的損害、特定損害の全体を補塡しなければならない。協議による合意がなければ、補償金は裁判所により定められる」。

　制裁規定としては、司法警察の職員や警察官、警察官補佐、海事行政官、海事監督官、海事技術行政機関職員、海事援護監視船乗員、税関職員、コンセイユ・デタのデクレにより定められた要件の下でそのために特別に宣誓し委任された文化省の職員、フランス海軍船の指揮官や副指揮官、海事検査官、漁業施設管理の専門家、沿岸信号の監視員、海員登録官、港湾職員や港湾職員補佐による、違反の追及や事実確認が用意されている（文化遺産法典 L.544-8 条）ほか、同 L.544-10 条が「領海または隣接海域で犯される本節の違反は、違反地の管轄裁判所、違反者の居住地の裁判所、違反者の逮捕地の裁判所、さもなければパリ大審裁判所において裁かれる。」と規定するなど、中央集権の傾向がきわめて強いのが、フランスの水中文化遺産保護行政の特徴である。

## (7) 日本法への示唆と展望

　フランスでは、考古遺産法制が文化遺産法典のみならず都市計画法典の中にも組み込まれていることは、先に述べた。具体的には、都市計画法典 R.111-4 条が遺跡保護に関する直接の根拠規定となる。すな

**87**

わち、「計画が、その位置決定と特性により、発掘地点や遺跡の保護または活用を損ないかねない性質である場合、その計画は許可されないか、特別規定の遵守の条件の下でしか許可されないことがある」。

　都市計画事業の中で遺跡を保護するための法的手段は、他にも多様に用意されている。例えば、「天然記念物と芸術的・歴史的・科学的・伝説的・絵画的性質をもつ遺跡の保護の再整理に関する1930年5月2日法（Loi du 2 mai 1930 réorganisation de la protection des monuments naturels et des sites de caractères artistique, historique, scientifique, légendaire ou pittoresque）」により分類された遺跡における大臣またはその代理人の許可、「歴史記念物に関する1913年12月31日法（Loi du 31 décembre 1913 sur les monuments historique. 通称「歴史記念物保護法」）」13条の2が規定する歴史記念物周辺での工事についての「フランス建物建築家（architecte des bâtiments de France: ABF. 以下「ABF」という）」[46]の意見、登録遺跡と関連するものについての簡易意見、「フランスの歴史的・美的な遺産の保護に関する法を補完し、不動産修復を促進するための1962年8月4日法（Loi du 4 août 1962 complétant la législation sur la protection du patrimoine historique et esthétique de la France et tendant à faciliter la restauration immobilière. 通称「マルロー法」[47]）による保全地区（secteur sauvegardé）内の工事や取壊しについてのABFの監視、「コミューン、県、州、国の権限の分配に関する1983年1月7日法（Loi du 7 janvier 1983 relative à la répartition de compétences entre les communes, les départements, les régions et l'Etat "loi Defferre". 通称「地方分権法」）」に由来する「建築的・都市的・景観的遺産保護地区（zones de protection du patrimoine architectural, urbain et paysager: ZPPAUP）」内の工事について市長と国との協議後に採択される規則に基づく許可、遺産および遺跡に関する州委員会（Commission régionale du patrimoine et des sites）による州知事への助言などであ

る[48]。考古遺産の恒久保存には、歴史記念物保護法による歴史記念物指定が最も効果的である[49]。また、特に市街地における考古遺産の保存に関して、専門職である ABF が果たす役割は大きい。近年の都市計画法典改正との関係では、POS に替わる PLU において、国による保護の足りない部分を市による保護で補うことが期待されており、2004 年 6 月にはパリ市で成功例が示された（保護すべき建物や都市景観として、遺跡を含む 3500 区画が PLU 内に取り込まれた）[50]。なお、パリ市は歴史記念物を単体ではなく集合的なものとして保護しようとする傾向が強いが、その背景にはマルロー法によるマレ保全地区の成功がある[51]。

このように、中央集権の傾向が依然として強い、かつ充実した考古遺産法制をもつフランスでは、例えば遺跡保護を求める市民運動といったものは歴史的にほとんど見られない。そもそも、考古遺産の保護問題は数世紀にわたる課題であり、特に 19 世紀のヨーロッパにおける考古学ブーム[52]による遺跡の破壊が各国の考古遺産法制の立法を導いたのだが、フランスはかなり早期に考古遺産法制を整えた国の 1 つだった。このことが、現在のフランスの安定した遺跡保護行政を根底から支えている。他方、日本では、文化財保護法が制定された 1950 年（昭和 25 年）に国土形成計画法（旧国土総合開発法）も制定されたため、特に埋蔵文化財については文化財保護法制定当初から開発事業による悪影響が懸念されることになった。こうした懸念は都市開発の大規模化が急速に進む中で現実化し、1960 年代後半から 1970 年代前半をピークとする遺跡の大量破壊が、遺跡保存を求める市民運動を活発化させた。また、発掘調査費用の負担問題、埋蔵文化財包蔵地の「隠れた瑕疵」問題、遺跡保存を求める市民の原告適格問題、遺跡保存に伴う損失補償問題などの裁判例は、日本の考古遺産法制が比較法的観点からは必ずしも十分ではないことを暗示している。さらに、1999

**89**

年（平成 11 年）制定のいわゆる地方分権一括法による改正で、埋蔵文化財行政に関する権限は文化庁長官から都道府県または指定都市の教育委員会へと基本的に移され、埋蔵文化財行政は権限をもつ地方公共団体の自治事務として行われることになった（文化財保護法 184 条 1 項[53]）。地方分権ならではの多様性は、関連法制による手続が複雑、煩雑であるとして考古学の現場を悩ませることも少なくない。

　本章 2 の冒頭でも言及した ICOMOS が今、最も懸念するのが、武力紛争時の文化財保護問題である。この問題はかつて、19 世紀後半から 20 世紀初頭にかけて活発に論じられたことがあったが（1874 年、1899 年、1907 年には国際会議が開催された）、近年の武力紛争に伴う遺跡の大規模破壊や略奪[54]を背景に 21 世紀の今、国のレベルを超えた考古遺産の保護措置が国際的に急ピッチで検討されている[55]。考古遺産とは誰のものなのか、持続可能性との関連も含めて再考する時期にあるといえるだろう。

## Ⅱ　日本の考古遺産法制と都市計画
### ——持続可能な都市と遺跡の共存を探る

### (1) はじめに

　現代都市において、都市計画に関するキーワードは、「持続可能な都市」あるいは「都市化」といった言葉に集約されつつある。19 世紀以降の都市の急速な近代化により、都市の持続可能性が人間にとって不可欠であることを、人々は認識したからである[56]。他方、「文化遺産」概念が広がりを見せるようになってきた。例えば、2003 年に開催された第 32 回ユネスコ総会では、無形文化遺産保護条約が採択され、1972 年の世界遺産条約ではカバーできなかった、持続可能性を内包する文化遺産の価値が新たに評価されるようになった[57]。

　従来、都市計画と考古遺産とは、接点がない、あるいは対立するも

のと捉えられてきた。国土交通省や都市計画法の管轄下にある前者と、文化庁や文化財保護法の管轄下にある後者とは、そもそも制度上で切り離されている。近年は、史跡に都市計画道路がかかるといった問題が指摘されるようになったが[58]、こうした場面で想定されるのは両者の対立である。都市計画が「開発」を求め、考古遺産が「保存」を求めるかぎり、保護と利用ジレンマに陥るのは自明の理だろう。また、考古学の現場では、行政に悩まされることが少なくない。発掘調査費用の負担問題、発掘調査による出土品の評価（調査報告書作成）や所有権の問題、発掘調査後の土地の保存問題などに加えて、都市計画の実施に関連して埋蔵文化財の学術調査を目的とした発掘調査が中断されることに対する不満の声も聞かれる。埋蔵文化財をめぐる問題は多岐にわたって潜在するが、総じて関連法制による手続が複雑かつ煩雑であることが、考古学の現場を悩ませている。

　もっとも、都市計画と考古遺産を取り巻く状況は、重なるところが少なくない。19世紀のヨーロッパでは、産業発展への適合を最優先とする産業都市における劣悪な都市環境に対する反省から、新たな都市計画ビジョンが生まれた[59]。同じ頃、考古学ブームによる盗掘や濫掘に対する懸念から、考古遺産の保護が叫ばれるようになった。試行錯誤の20世紀を経て21世紀の今、都市計画と考古遺産はいずれも持続可能性を希求している。もはや、都市計画が開発一辺倒ではないように、考古遺産もまた保存一辺倒ではないことは、日本も同様である。

　本章2のⅡでは、日本で都市計画と考古遺産とが接触あるいは抵触する場面を素材に、持続可能な都市を志向する都市計画と連携可能な考古遺産法制の再構築を試みる。

## (2) 考古遺産と現行法制

　考古遺産に関して、日本の現行法制において中心となるのは文化財

保護法である。文化財保護法2条1項は「文化財」として有形文化財（1号）、無形文化財（2号）、民俗文化財（3号）、記念物（4号）、文化的景観（5号）、伝統的建造物群（6号）の6類型を定義するが、埋蔵文化財への言及はない。埋蔵文化財も文化財であることに変わりはないが、先の6類型とは別に、土地に埋蔵されている文化財として同法92条が「埋蔵文化財」を定義する。埋蔵文化財の規定が同法2条1項と別に置かれているのは、制定当初の文化財保護法において「埋蔵物たる文化財」は「重要文化財以外の有形文化財」に属するものとされていたが（旧57条1項）、埋蔵文化財は遺物に限られないことから、昭和29年改正で埋蔵文化財についての章が別に新設されたという経緯による[60]。また、同法93条が「周知の埋蔵文化財包蔵地」について規定する。なお、「遺跡」とは「貝づか、古墳、都城跡、城跡、旧宅その他の遺跡で我が国にとって歴史上又は学術上価値の高いもの」（同法2条1項4号）であり、記念物に含まれる。遺跡が埋蔵されている土地は同法93条の周知の埋蔵文化財包蔵地として、遺跡のうち重要なものは同法109条にいう「史跡」として、それぞれ扱われることになる。したがって、本章2のⅡにいう考古遺産は、埋蔵文化財としての遺跡を主な射程に置く。埋蔵文化財行政と考古学は密接に関連するが、両者の目的や価値基準はあくまでも別のものであることには注意を要する[61]。また、古墳には宮内庁の管轄下にあるものも含まれるため、本書では扱わない。

　遺跡の保存に関する最初の法律は、1919年（大正8年）制定の史蹟名勝天然記念物保存法である[62]。文化財保護法は、この史蹟名勝天然記念物保存法と1929年（昭和4年）制定の国宝保存法（前身は1897年（明治30年）制定の古社寺保存法）を引き継ぎ、1950年（昭和25年）に制定された。1949年（昭和24年）1月26日の法隆寺金堂の火災が大きな契機となって、議員立法がなされたのである[63]。他方、文化財

第 5 章　考古遺産法制と都市計画

保護法制定の同年には国土形成計画法（旧国土総合開発法）が制定されたこともあり、開発事業による埋蔵文化財への悪影響が懸念されるようになった[64]。こうした背景の下、1954 年（昭和 29 年）に文化財保護法の大規模な改正が行われた。昭和 29 年改正は、埋蔵文化財について 1 つの章（「第 6 章（旧第 4 章）」）を設けると共に、93 条（旧 57 条の 2）（土木工事等のための発掘に関する届出及び指示）を新設することで、開発事業に伴う工事等の規制を可能にした。文化財保護法の大規模改正は 1975 年（昭和 50 年）と 2004 年（平成 16 年）にも実施されたが[65]、埋蔵文化財との関連では昭和 50 年改正が重要である。すなわち、埋蔵文化財については昭和 50 年改正により 94 条（旧 57 条の 3）（国の機関等が行う発掘に関する特例）、95 条（旧 57 条の 4）（埋蔵文化財包蔵地の周知）、96 条（旧 57 条の 5）（遺跡の発見に関する届出、停止命令等）、97 条（旧 57 条の 6）（国の機関等の遺跡の発見に関する特例）という 4 つの規定が新設され、その後、平成 16 年改正によって「第 6 章」として 92 条から 108 条までに条文番号が整えられたものが現行法に至っている。

　文化財保護法プロパーの改正に加えて、1999 年（平成 11 年）制定のいわゆる地方分権一括法による改正も重要である。この改正によって、埋蔵文化財行政に関する権限は文化庁長官から都道府県または指定都市の教育委員会へと基本的に移され、埋蔵文化財行政は権限をもつ地方公共団体の自治事務として行われることになった（文化財保護法 184 条 1 項 6 号）[66]。つまり、土地の発掘及び遺跡の発見に関する事務（調査のための発掘、土木工事等のための発掘、国の機関等が行う土木工事等のための発掘、遺跡の発見、国の機関等による遺跡の発見）、文化庁長官による事務の処理、出土文化財に関する事務、所有者不明の出土文化財の所有権の帰属、都道府県帰属の出土文化財の譲与、出土文化財の帰属及び報奨金の支給に関する経過措置、その他の規定整備が、

93

自治事務とされた[67]。

## (3) 考古遺産の保護問題

　考古遺産の保護は、数世紀にわたる課題だった。特に、19世紀の
ヨーロッパにおける考古学ブーム[68]は、結果として遺跡の破壊をもた
らした。考古学が人類の歴史を研究する学問であって、遺跡の保存を
目的とするものではない以上、発掘調査に伴う多少の遺跡の破壊は避
けられない[69]。しかし、考古学ブームは素人による濫掘や個人的収集
による遺跡・遺物の散逸を招いたため、遺跡の破壊に対する危機意識
が高まった。

　日本の文化財保護法も当初は、濫掘による遺跡破壊の防止を最大の
立法目的としていた[70]。しかし、文化財保護法の制定から間もなく、
考古遺産の保護をめぐる問題状況は大きく変わることになる。1950
年代以降、都市開発の大規模化が急速に進むなか、高速道路を中心と
した道路開発、ニュータウン造成を典型とした宅地開発、新幹線を想
定した鉄道建設などの大規模開発事業により、遺跡の大量破壊が現実
に引き起こされるようになったからである[71]。遺跡の大量破壊が
1960年代後半から1970年代前半にピークを迎える一方で、遺跡保存
の市民運動も活発化した[72]。昭和50年改正は、20年間にわたる保存
運動の成果でもある[73]。現在の日本においても、考古遺産の保護問題
は、基本的にはこれらの経緯の延長線上で捉えられているものといえ
る。

## (4) 考古遺産に関連する主な判例

　考古遺産に関連する国内判例としては、大きく3つのタイプのもの
が挙げられる。

　まず埋蔵文化財関連の判例として、発掘調査費用の負担問題が争わ

れた東京高裁昭和 60 年 10 月 9 日判決判時 1167 号 16 頁（以下「東京高裁昭和 60 年 10 月 9 日判決」という）や東京地裁平成 12 年 8 月 25 日判決公刊物未登載がある。民事事件では、埋蔵文化財包蔵地の「隠れた瑕疵」該当性が争われた京都地裁昭和 59 年 2 月 29 日判決判時 1125 号 126 頁、東京地裁昭和 57 年 1 月 21 日判決判時 1061 号 55 頁、大阪地裁昭和 43 年 6 月 3 日判決判タ 226 号 172 頁などがある。刑事事件では、盗掘の刑事罰を扱った大審院昭和 9 年 6 月 13 日判決大審院刑事判例集 13 巻 747 頁がある。

　次に、原告適格関連の判例として、史跡指定解除処分取消訴訟と学術研究者の「文化財享有権」に基づく原告適格および代表的出訴資格が争われた最高裁平成元年 6 月 20 日第三小法廷判決判時 1334 号 201 頁（いわゆる「伊場遺跡訴訟判決」）がある。

　最後に、損失補償関連の判例として、文化財的価値の損失補償が争われた最高裁昭和 63 年 1 月 21 日第一小法廷判決判時 1270 号 67 頁（いわゆる「福原輪中堤訴訟判決」）、現状変更不許可処分の損失補償が争われた津地裁昭和 52 年 3 月 11 日判決判タ 23 巻 3 号 516 頁、無許可現状変更に対する原状回復命令が争われた最高裁昭和 50 年 4 月 11 日第二小法廷判決判時 777 号 35 頁、崖面の土地を除く史跡指定地域追加処分の損失補償が争われた福岡地裁昭和 58 年 11 月 11 日判決判タ 515 号 98 頁などがある。

　これらの事例のうち、東京高裁昭和 60 年 10 月 9 日判決が言及した発掘調査費用の負担問題が、発掘現場では切実である。発掘調査には、学術調査を目的としたもの（文化財保護法 92 条）と土木工事など開発に伴うもの[74]（同 93 条）とがあり、どちらも事前の発掘届を求められ、埋蔵文化財の保護上特に必要がある場合には文化庁長官は必要な指示を行うことができるが、この指示が前者は行政処分であるのに対して後者は行政指導とされることから、開発を優先する法制として文化財

**95**

保護法はしばしば批判されてきた[75]。また、土木工事など開発に伴う発掘調査の費用負担は、「原因者負担」として開発事業者が負担するものとされるが、法的根拠は特に見当たらない[76]。本判決も、埋蔵文化財包蔵地の土木工事に伴う発掘調査費用を事業者（発掘者）に負担させる旨の行政指導が違法・不当でないと判示したが、特に原因者負担について学説の議論は尽きない[77]。

いずれの事例も、埋蔵文化財行政を担う自治体、開発事業者、発掘調査を実施する研究者など、当事者たちが互いの現場をほとんど理解していないことが事件の背景にあるという点では共通している。

## (5) 都市計画と考古遺産の接点と展望

近年、考古遺産の保護をめぐる問題意識は、緩やかに変化しつつある。1980年代以降の行財政改革は、埋蔵文化財行政にも大きな影響を与えた。例えば、1985年には埋蔵文化財に関して、「宅地開発に当たっての埋蔵文化財の調査については、調査体制を整備するとともに、埋蔵文化財包蔵地を周知徹底し、事前協議・調査期間短縮のため、事務処理および調査等の基準をより明確化し、地方公共団体への徹底を図るなど、文化財保護と都市整備の推進との円滑、迅速な調整のための具体的措置を講ずる。」との閣議決定がなされた。また、2000年の「公共工事コスト縮減対策に関する新行動指針」では、埋蔵文化財に関して、「公共工事の実施に伴う埋蔵文化財調査を円滑に実施するため、公共工事部局と文化財保護部局との連絡調整体制を継続するほか、調査・測量技術の向上を図る。」とされた[78]。

文化庁側も1994年に「埋蔵文化財保護体制の整備充実に関する調査研究委員会」を設置し、課題の検討に取り組んでいる。同委員会の2007年度報告書『埋蔵文化財の保存と活用』は、行財政改革のうち特に民営化と地方分権との関連で、地域や住民の役割を重視した地域

第5章　考古遺産法制と都市計画

づくりを推進する新たな動きが生まれ、地域のシンボルとなる遺跡や文化財が注目されるようになったと指摘する[79]。最近では、「平成27年度埋蔵文化財保護行政基礎講座」（2015年10月、初回開催）や「平成27年度第2回埋蔵文化財保護行政説明会　遺跡をまもってまちづくり—明日の埋蔵文化財保護行政を担う」（2016年1月）など、文化庁主催による次世代の育成イベントが、いずれも盛況だった[80]。

　もとより、文化遺産の保存と活用が論じられるのは、埋蔵文化財に限られない[81]。もっとも、そこでの議論は、法学とりわけ環境法分野で論じられる保護と利用ジレンマとは厳密には異なっている。保護と利用ジレンマが保護を前提とした利用を論じるのに対し、保存と活用は活用を前提とした保存を論じるからである。しかし、文化遺産のうち考古遺産についてはむしろ、保護と利用ジレンマに近い問題意識の下で考古遺産の保護が論じられ、法制が検討されてきた[82]。このことは、日本の文化財保護法も同様である。その背景に、大規模開発志向の都市計画に対する危機意識が、長く存在したからである。

　文化財保護法の昭和50年改正が遺跡保存運動の成果と解されていることは先述したが、他方で、同改正が伝統的建造物群保存地区制度を導入したことにより、都市計画のなかに歴史性という価値がはじめて組み込まれることになったという側面もある[83]。市町村が伝統的建造物群保存地区を決定し、地区内の保存事業を計画的に進めるために、保存条例に基づき保存計画を定めるのである[84]。埋蔵文化財についても、史跡に指定された遺跡はその存在と意義を目で見て理解しやすいように、保存活用のために整備することが求められるので[85]、まちづくりと密接に関連する。1982年からは、歴史的価値のある地区を都市計画道路が貫通するのを避けるために、歴史的地区環境整備街路事業（歴みち事業）も進められている[86]。

　都市計画と考古遺産の関係を改めて考えてみると、都市計画に伴う

**97**

開発行為と考古遺産の発掘行為が共に土木作業であるというシンプルな事実に行き当たる。行為自体を捉えるならば、両者は本質的に共存可能と思われる。以上を踏まえて、考古遺産法制の再構築に向けたいくつかの提案を試みたい。まず、新たな価値基準として持続可能性を取り入れることが、考古遺産法制自体のアップデートのみならず、都市計画法制との連携を可能にするためにも必須だろう。また、持続可能性概念は応用範囲が潜在的に広いため、例えばCSR（corporate social responsibility、企業の社会的責任）の一環として「カルチャーフレンドリー企業」のようなかたちでインセンティブを付与することも可能となり、開発事業者側からの協力を効果的に得られるとも考えられる。持続可能性を共有概念として、行政、開発事業者、考古学者、法学者など、多様な当事者たちによる円卓会議の開催も可能だろう。つまり、文化財保護法96条による規制に加えて、インセンティブを強化することが重要である。持続可能性の観点からは、都市開発の中でも宅地開発の範囲（広がりと高さ）に、21世紀においてもなお留意する必要がある[87]。次に、考古遺産が文化遺産である以上、基本的には保存と活用の方向で保護が図られるべきだろう。遺跡を生かすためには、遺跡もかつては人間の生活の場であったことを思い起こすことが有用である。埋蔵文化財としての遺跡の実際の活用例は都市公園化が多いが、より現代社会のニーズに合った活用を検討する余地もあるだろう。例えばアメリカでは、史跡が墓地を兼ねることが少なくない[88]。他方、文化財保護法の制定当初から維持されてきた保護と利用ジレンマに近い問題意識も、場合によっては効果的である。例えば、複合遺跡のように、複数の時代の遺跡が何層にも重なっているといった貴重かつ繊細な遺跡は、可能なかぎりそのまま保護する（保全ではなく保存のニュアンス）ことも検討されるべきだろう。最後に、考古学の現場ではジグソーパズルにも例えられる発掘調査の成果を、より

第 5 章　考古遺産法制と都市計画

生かす方向での法制再構築の余地もある。この点に関しては、考古遺産法制よりもむしろ都市計画法制において、埋蔵文化財としての遺跡を都市計画に当初から組み込むあるいは遺跡を生かした都市再生といった、現代の都市戦略を効果的に支えるシステムが求められる。将来的には、都市計画法の中に明文規定を設けることが最も効果的だろう。さらに、災害復興まちづくりとの連携も想定可能である[89]。現行法では、2008 年の歴史まちづくり法（正式名称は「地域における歴史的風致の維持及び向上に関する法律」）、1966 年の古都保存法（正式名称は「古都における歴史的風土の保存に関する特別措置法」）、1980 年の明日香法（正式名称は「明日香村における歴史的風土の保存及び生活環境の整備に関する特別措置法」）などがこうした観点に基づく法制といえる。とりわけ、歴史まちづくり法の意義は大きいが、同法 1 条が「地域におけるその固有の歴史及び伝統を反映した人々の活動とその活動が行われる歴史上価値の高い建造物及びその周辺の市街地とが一体となって形成してきた良好な市街地の環境（以下、「歴史的風致」という。）」と定義するように、単に歴史的価値の高い建造物が存在するだけでは歴史的風致に当たらない[90]。ニュータウン造成による市街地化で消滅した遺跡は、東京都内などでも少なくない。つまり、文化財保護法 93 条が適用されない都市部の埋蔵文化財包蔵地が、グレーゾーンに置かれている実態がある。例えばフランスでは、小規模な遺跡を 1 階部分にそのまま残すかたちでアパルトマンを建築する例が見られる。誰でも通り抜けが可能な 1 階部分は、誰にとっても身近な穴場の遺跡として、長く愛されている。遺跡自体はアパルトマンにすっぽりと覆われた状態のため、雨風にさらされることもなく、保存状態は非常に良い。まちづくりのような大規模活用のみならず、スポット的な小規模活用も併せて検討していくことが、考古遺産の持続可能性に資することに加えて、大規模な都市開発に伴う遺跡の大量破壊という過去を思い起こすこと

99

につながるだろう。

遺跡を１階部分に残すアパルトマンの入口（フランスのリモージュにて）

右側の石壁が遺跡

第 5 章　考古遺産法制と都市計画

左側の石壁が遺跡

右側の石壁が遺跡

アパルトマンの出口

第5章　考古遺産法制と都市計画

出口が面する広場

広場から見たアパルトマンの出口

〔**参考文献**〕

本文中のほか、

東京文化財研究所編『フランス共和国文化遺産法典（第4巻～第7巻）』各国の文化財保護法令シリーズ（9-2）、2011年

## 3 万国博覧会と都市計画法制

ミュージアムと国や都市のアイデンティティーの関連性が指摘されている[91]ことは第4章3で言及したが、万国博覧会や都市計画もまた、こうしたアイデンティティーを顕著に発現していると考えられる。とりわけ、1900年に開催された第5回パリ万国博覧会はこうした傾向が強く、日本の博覧会や都市計画にも大きな影響を与えた。ここでは、1920年代後半に全盛となった、いわゆる「大大阪時代」の都市計画法制に着目したい。

### (1) 第5回パリ万国博覧会と第5回内国勧業博覧会（天王寺）

19世紀最後のパリ万博、「1900年万国博覧会（Exposition universelle de 1900)」（第5回パリ万博）は、約5000万人の入場者数を記録し、19世紀後半からの一連のパリ万博の中でも最大の成功を収めた。「アール・ヌーヴォー（art nouveau、新しい芸術）博」の別名をもつ第5回パリ万博会場では、電気の時代の到来を象徴する大規模なイルミネーションが導入された。第5回パリ万博はまた、19世紀末から20世紀初頭における文化・芸術の繁栄期、「ベル・エポック（belle èpoque、美しき良き時代)」の特徴である幻想的かつ装飾的なモチーフに満ちていた。このように、ベル・エポック期に「ヨーロッパの首都」と呼ばれたパリの全盛は、第5回パリ万博に始まったのである[92]。

1903年（明治36年）3月、大阪の天王寺[93]では「第5回内国勧業博覧会」が開催された。政府主催で入場者数が約530万人に達したこの博覧会は、出品数や外国からの参加など、万国博覧会に準じる規模のものであった[94]。1898年（明治31年）に大阪商業会議所会頭の土居通夫（1837-1917）が貴族院議長の近衛篤麿（1863-1904）に大阪開催の請願書を提出したことに始まり、翌1899年（明治32年）に大阪開催

が閣議決定され[95]、1901年（明治34年）から開催準備が本格的に進められた内国博において、協賛会会長を務めたのは住友家第15代当主の住友春翠（バロン住友、1864-1926）であった。自身が1897年（明治30年）にブリュッセル万国博覧会（Exposition International de Bruxelles 1897）を視察したのみならず、パリ留学経験のある西園寺公望（第12代（1906-1908）・第14代（1911-1912）内閣総理大臣、1849-1940）を実兄にもつ春翠は、内国博協賛会のうち18会に参加するなど、内国博の開催実現に大きく貢献した[96]。

　第5回パリ万博と第5回内国博は、装飾的で重量感のある正門、大規模な夜間イルミネーション、多種多様なパビリオンなど共通点が多いが、これは第2回パリ万博（1867年）が外国として日本が正式に参加した最初の万国博覧会であり[97]、以来、日本がとりわけパリ万博の影響を大きく受けてきたことに由来する[98]。内国博の会場跡地の東半分[99]が1909年（明治42年）に大阪市で2番目の都市公園[100]となる「天王寺公園」として開園する一方で、天王寺区鳥が辻町では1911年（明治44年）に、大阪商科大学の母体の1つである市立大阪高等商業学校の新校舎（鳥が辻校舎）が新築されている[101]。「正面に大時計塔を設けたイギリス・ルネッサンス式煉瓦石造を本館とし、これにフランス・ルネッサンス式大講堂・図書館等を配して、大阪第一と称される堂々たる校舎であった。」[102]と伝えられる鳥が辻校舎もまた、間接的には内国博ひいては第5回パリ万博の残照に浴したといえる。内国博で展開された近未来都市構想はやがて、時代の最先端を行く近代都市「大大阪」として実現することになる[103]。

### (2) 旧都市計画法制定と関東大震災

　1919年（大正8年）4月5日、日本で最初の「都市計画法」（旧都市計画法）が制定された。同年3月14日にはフランスにおいても、最

初の都市計画法である「1919 年 3 月 14 日の都市の拡大・整備法（Loi du 14 mars 1919 plans d'extension et d'aménagement des villes）」が制定されている。両国の都市計画法制は現行法においても、特に土地利用規制に主眼を置き、ゾーニングを重視するなど、共通点が少なくない[104]。

　日本における都市計画法の発現は、1888 年（明治 21 年）制定の東京市区改正条例に見られる。1904 年（明治 37 年）からの日露戦争と1914 年（大正 3 年）からの第一次世界大戦を経て、日本の各都市では人口が増大し、工場数が激増し、都市が無秩序に膨張しつつあった。こうした状況が京都・大阪・横浜・神戸・名古屋の 5 都市で顕著であったことから、1918 年（大正 7 年）4 月 17 日には「京都市、大阪市其ノ他ノ市区改正ニ関シ東京市区改正条例及東京市区改正土地建物処分規則ヲ準用シ得ルノ法律」が制定され、先の 5 都市において既成市街地の改造や都市計画が実施されることになった[105]。つまり、大阪においても、この時に都市計画法制の歴史が本格的に始まった。

　1923 年（大正 12 年）9 月 1 日に発生した関東大震災は、それまでの煉瓦造建物の構造的問題と木造町家の耐火的問題を浮き彫りにした。同年 12 月 24 日には、関東大震災からの復興を目ざして「特別都市計画法」が制定された。地震と火災で壊滅状態になった南関東の都市を見た大阪の実業家たちは、同時期に導入が始まった耐火耐震性に優れた鉄筋コンクリート造で最新設備を備えたビルディングへの建て替えを、特に北船場周辺で加速させていく[106]。当時の大阪市民の思いは、翌 1924 年（大正 13 年）12 月に関係者たちに発送された、大大阪記念博覧会趣意書の中の「我国の大都市　東に東京あり、西に大阪あり、共に文化経済の大中心であるが、東京は往年の大震災に禍せられ復興の事業に多忙にして、大阪は為めに、我国唯一の産業中心都市たるの観を呈するに至った。若し一国の盛衰が産業の象徴に依繁すること果

第 5 章　考古遺産法制と都市計画

して真なれば、大阪市の消長は、直に我国の盛衰にかかる所であらね
ばならぬ、大阪市の我大日本帝国に対する使命や重且つ大なり」とい
う部分に見てとれる[107]。

### (3) 大大阪時代と大阪商科大学

　1925 年（大正 14 年）4 月 1 日の第二次市域拡張により東成郡と西成
郡を合併した大阪市は、市域面積 181.68 平方キロメートル、人口 211
万 48084 人を誇る、日本最大かつ世界第 6 位のメトロポリス（主要都市）
となった。このことを祝福して人々は、大阪市を「大大阪」と呼ん
だ[108]。大大阪時代の幕開けである。当時の東京市の人口は約 199 万人、
2017 年（平成 29 年）4 月 1 日現在の大阪市の人口が 270 万 4557 人で
あることからも、当時の大阪市が現代のメトロポリスと同等の人口規
模であったことがうかがわれる。同年 3 月 15 日から 4 月 30 日まで、
天王寺公園と大阪城では「大大阪記念博覧会」が開催された。大阪毎
日新聞社主催、大阪市後援で、入場者数が 188 万 8468 人に及んだこ
の博覧会では、メイン会場の天王寺会場として、天王寺公園勧業館、
天王寺公園、天王寺公会堂、市民博物館本館が使用された[109]。

　大大阪時代の大阪市の繁栄を導いたのが第 7 代（1923-1935）大阪市
長の關一（1873-1935）であったことは、いうまでもないだろう。優れ
た都市計画学者でもあった關が打ち出した大阪市の「都市大改造計画」
は、ナポレオン 3 世（Napoléon III、本名 Charles Louis Napoléon
Bonaparte、1808-1873）[110]統治下の 1853 年から 1870 年までの 17 年間、
オスマン知事（Georges-Eugène Haussmann、1809-1891）によって精力
的に進められた「パリ大改造」を彷彿とさせる。オスマン知事が「オ
スマン大幹線（grands axes haussmanniens）」と呼ばれるパリの幹線道
路整備事業に熱心に取り組むあまり、大通りの設計図上に位置する自
身の生家を犠牲にしたエピソードが伝えられるように[111]、關による

**107**

大阪大改造においてもまた、御堂筋の拡幅工事がメイン事業とされた。当時の御堂筋は幅6メートル、南北（長堀～淡路町）全長約1.3キロメートルの狭く短い道であったが、これを幅44メートル、全長約4キロメートルにしようというのが事業内容だった。1926年（大正15年）に着工した御堂筋の拡幅工事は1937年（昭和12年）5月11日に完成することになるが、この間、受益者負担金制度を考案して莫大な工事費用を捻出すると共に沿道の住民の立ち退き料に充てるなど、關の奮闘は続いた。御堂筋の周辺ビルディングに百尺（約30メートル）の高度規制を設けることで美しい都市景観を維持するという手法[112]も、建物の高度に神経質だったオスマン知事の下、パリ大改造において適用が厳格化された、前面道路幅員を基準とする建物の高度を規制するデクレ（décret、政令）[113]を参考にしたものと考えられる。

　ここで都市計画史から大学史に目を移すと、「大阪の父」であり「大学開学の父」である關が、大阪市の都市計画史と大阪商科大学の大学史とをつなぐ要となっていることに、改めて気づかされる。1914年（大正3年）7月に、第6代（1913-1923）大阪市長の池上四郎（1857-1929）の招きで大阪市高級助役として来阪した關は、当初から市立大阪高等商業学校の大学昇格に強い関心を示していたという[114]。翌1915年（大正4年）3月の大阪市会で大阪商科大学昇格論がはじめて明確に議論されてから13年、1928年（昭和3年）3月16日に大阪商科大学の創設は実現することになる[115]。日本で最初の「市立」の大学である大阪商科大学[116]の開学の理念として關が寄稿した「市立商科大学の前途に望む」（『大大阪』第4巻4号、1928年（昭和3年）4月）の中の一文、「国立大学の「コッピー」であってもならぬ。」はあまりに有名だが、「日本最初の市立大学が商工都市を以て世界に誇る我が大大阪に建設されることになった。」、「我が大大阪の市民が、その自身の手によって大学を建設するのである。大阪市民は我が国に於て先例のない、市

民の力に依る市立大学の先鞭をつけるのである。」といった部分からも、自身が牽引する大大阪のアカデミズムの拠点となるであろう大阪商科大学の開学に対する關の意気込みが感じられる。また、大学開学と同時に設置された経済研究所は野村グループ創業者の野村徳七（1878-1945)[117]の寄付によるものだが、關には「将来大大阪の経済活動の中心機関」にする意図もあったと伝えられる[118]。

　大阪商科大学が創設された1928年（昭和3年）は、大大阪時代が頂点を極めた時期であった。1932年（昭和7年）10月1日、周辺5郡82町村が編入された東京市は「大東京」「35区時代」として繁栄期を迎える[119]一方、日本最大のメトロポリスであった大阪市はその座を東京市に譲り、大大阪時代は幕を閉じたのである。

## (4) おわりに

　大大阪が誕生した1925年から1世紀、2025年万国博覧会の招致を大阪と競うのは奇しくもパリである。1855年から1900年までの5回のパリ万博を、近代都市へと変貌していく首都パリを各国にアピールする絶好の機会と位置づけ、次期パリ万博を常に意識しながら都市大改造を進めてきた経緯をもつフランスと、第5回パリ万博（1900年）が描いた近未来都市のイメージを、大大阪時代のレトロな街並みや文化として鮮やかに現代に伝える日本が、百年を経て邂逅しようとしている。約5000万人といわれる第5回パリ万博の入場者数記録をはじめて破ったのは、1970年（昭和45年）3月に大阪の千里で開催された日本万国博覧会（大阪万博）であった（入場者数は6421万8770人）。

　2025年万国博覧会で提案される新たな都市イメージは、どのような都市計画法制によって実現できるのか。開催地となる大阪あるいはパリで近い将来に展開されるであろう都市改造を含めて、注視したい。

第5回パリ万国博覧会 正門
〔出典：Ministère de la Culture（France）- Médiathèque de l'architecture et du patrimoine - diffusion RMN〕

第5回内国勧業博覧会 正門及び噴水
〔出典：大阪歴史博物館所蔵資料〕

現在の大阪市立大学（2017年6月）

〈注〉
1）本章1は、イギリスとしてイングランド（England）を検討の主な対象としており、ウェールズ、スコットランド、北アイルランドは必ずしもカバーしていない。
2）日本の国史跡の約1700件に比べると、はるかに数が多い。稲田孝司『日本とフランスの遺跡保護─考古学と法・行政・市民運動』（岩波書店、2014年）17頁、345頁。なお、指定リストに加えられている指定遺跡が約1万9700件であり、イ

ングランドにおいて何らかの保護下にある遺跡の総件数は、指定遺跡を含めて約2万3000件である。

3）詳細は本章1(2)④参照。

4）本章1(1)④の「記録保存（preservation by record)」を意味し、日本の緊急発掘調査に相当する。緊急発掘調査とは、土木工事に際して、発掘による埋蔵文化財の調査と記録の保存が要請される場合に、必要最低限の措置として認められる発掘調査をいう。

5）具体的には、記録保存するのに必要な機材・設備の調達などが考えられる。

6）シェイクスピア（William Shakespeare, 1564-1616）の2つの作品が初演されたと伝えられる劇場。

7）日本の民衆訴訟かつ環境訴訟に近い訴訟形態と考えられる。

8）第一審で、一般的管轄権をもつ通常裁判所。控訴院（Court of Appeal)、上級法院（Senior Court）などとは区別される。

9）quango（quasi-autonomous non-governmental organization、特殊法人）という組織形態をとる。稲田・前掲（注2）18頁。

10）同上。

11）本章1(1)①の指定遺跡の再調査プログラムも、イングリッシュ・ヘリテッジの下で開始されたものである。

12）19世紀末のイギリスでは、建築や建造物についての責任が労働省にあった。

13）LBCA法15条に基づく国務長官の権限との関係では、個々の事例において国務長官が通知の免除権限を自ら行使することで、適用除外を広く認める。

14）正式名称は、"National Trust for Places of Historic Interest or Natural Beauty"である。

15）「全国鑑定（national expertise)」を意味する。

16）西村幸夫「創設50周年を迎えるICOMOS」世界遺産年報2016 No.21（日本ユネスコ協会連盟、2015年）30頁。

17）久末弥生『都市計画法の探検』（法律文化社、2016年）8頁。

18）Philippe Ch.-A. Guillot, Droit du patrimoine culturel et naturel, ellipses (2006), p.25.

19）考古学者ドゥムール（Jean-Paul Demoule, 1947- ）の定義による。なお、もともとは「救出考古学（archéologie de sauvetage)」と呼ばれていた。稲田・前掲（注2）308頁。環境法分野で論じられる「予防原則（仏 principe de précaution；英 precautionary principle)」とは「予防」の語源が異なり、重ならない点に注意が必要である。

20）同上24頁、307頁。

21）注19参照。

22）Guillot, supra n.18 pp.24-25.

23）AFANを引き継ぐ公施設（établissement public）である。

24）"patrimoine" は家産、人類共通財産などを含意するが、本章2は "Code du patrimoine" の訳語として一般的である「文化遺産法典」を用いる。

**111**

25）同法の草案者である歴史学者のカルコピノ（Jérôme Carcopino, 1881-1970）に由来する。

26）Guillot, supra n.18 p.23.

27）久末・前掲（注17）8〜9頁。

28）稲田・前掲（注2）13頁。

29）Guillot, supra n.18 p.26.

30）Id. p.27.

31）Jean-Michel Leniaud, Droit de cité pour le patrimoine, Presses de l'Université du Québec（2013）, pp.276-277.

32）同法が、1913年の歴史記念物保護法の土台になった。

33）田中琢＝佐原真『考古学の散歩道』（岩波新書・新赤版312、1993年）197〜198頁。

34）Guillot, supra n.18 p.33.

35）Id. p.28.

36）稲田・前掲（注2）26〜27頁。

37）C.E., 19 février 2014, 348248, Mentionné dans les tables du recueil Lebon.

38）Guillot, supra n.18 p.30.

39）Id. pp.31-32. こうした問題意識は、日本における埋蔵文化財包蔵地の「隠れた瑕疵」問題とも共通する。

40）C.E., 23 décembre 2010, 307984, Mentionné dans les tables du recueil Lebon.

41）例えば近年は、ヨーロッパ最大手のコンセッション企業である VINCI（ヴァンシ）グループが、都市整備に伴う地下駐車場の建設にフランス全土で取り組んでいる。久末・前掲（注17）109〜110頁。

42）Guillot, supra n.18 p.38. 同年には、セニョーラ・デ・アトーチャ号（the Senora de Atocha）も、時価4億ドル相当の財宝と共に引き揚げられた。小山佳枝「水中文化遺産の法的保護」海洋政策研究所オーシャン・ニューズレター98号（2004年）。

43）フランスの批准は2013年であることから、国内条文が先に存在した点に留意されたい。

44）フランス大使館HP http://www.ambafrance-jp.org/article4353（最終閲覧日2016年6月16日）。

45）Guillot, supra n.18 p.37.

46）ABFは歴史的建物の管理に特化した建築家であり、文化省所属の国家公務員として県に配置される。フランスの建築大学や建築学校の学生たちが憧れる、エリート職でもある。ABF意見（avis conforme de l'ABF）は大きな影響力をもつが、異議の対象になることもある。Leniaud, supra n.31 p.278.

47）当時の文化大臣でレジスタンス闘士の作家でもある、マルロー（André Malraux, 1901-1976）に由来する。

48）Leniaud, supra n.31 p.278.

**112**

第 5 章　考古遺産法制と都市計画

49) 稲田・前掲（注 2）276 頁。

50) Leniaud, supra n.31 pp.281-282.

51) 荒又美陽『パリ神話と都市景観―マレ保全地区における浄化と排除の論理』（明石書店、2011 年）128～130 頁、和田幸信『美観都市パリ 18 の景観を読み解く』（鹿島出版会、2010 年）146～147 頁。

52) 18 世紀におけるポンペイ（Pompeii）やヘルクラネウム（Herculaneum）といったイタリア古代都市遺跡の発掘、「廃墟のロベール」として名高いフランスの風景画家ロベール（Hubert Robert, 1733-1808）らが、考古学ブームを導いた。国立西洋美術館ほか編『ユベール・ロベール―時間の庭』（国立西洋美術館ほか、2012 年）4 頁。1789 年の革命に伴う遺跡の破壊も、背景にある。

53) 中村賢二郎『わかりやすい文化財保護制度の解説』（ぎょうせい、2007 年）155 頁。

54) 2001 年 3 月にアフガニスタンのバーミヤン（Bāmiyān）の大仏が爆破された事件を契機に、ユネスコが動き始めた。日本でも流出文化財保護日本委員会が結成され、アフガニスタンで略奪されて日本に流れてきた文化財を「難民」として保護する活動が展開されたほか、日本政府はアフガニスタンで破壊された遺跡の修復費用として 181 万ドルを拠出した。NHK エンタープライズ「アフガン秘宝の半世紀（前編 バーミヤン）」（2016 年 6 月 13 日放映）。

55) 西村・前掲（注 16）30～31 頁。民間レベルでは、パリに拠点を置く ICONEM がドローンを駆使した遺跡 3D データのバーチャル保存を進めており、世界的に注目されている。NHK エンタープライズ「アフガン秘宝の半世紀（後編 メスアイナク）」（2016 年 6 月 13 日放映）。ドローンの一種である、産業用無人ヘリコプター使用の平和的な利用の歴史が約 20 年以上と長い日本（寺田麻佑「航空法の改正―無人航空機（ドローン）に関する規制の整備」法教 426 号（2016 年）47 頁）にとっても、ヒントになるだろう。

56) 久末・前掲（注 17）56 頁。

57) 吉田憲司『改訂新版　博物館概論』（放送大学教育振興会、2011 年）209～213 頁。

58) 西村幸夫「都市計画の眼から見た遺跡と遺跡整備」公害対策技術同友会『緑の読本』1998-1、シリーズ 45（1998 年）15 頁。

59) 久末・前掲（注 17）57～58 頁。

60) 和田勝彦『遺跡保護の制度と行政』（同成社、2015 年）21 頁。

61) 同上 81 頁。

62) 坂井秀弥「遺跡調査と保護の 60 年―変遷と特質」考古学研究 60 巻 2 号（2013 年）12 頁。

63) 稲田・前掲（注 2）43 頁、53 頁。

64) 和田・前掲（注 60）22 頁。

65) 文化財保護法の改正については、第 1 次改正（昭和 29 年改正）として重要文化財の管理団体制度、無形文化財の指定制度、民俗資料の制度化、埋蔵文化財の保護の強化、記念物の保護制度の整備、地方公共団体の事務の明確化、第 2 次改正（昭和 50 年改正）として生活基盤の激変等、文化財の定義の拡充整備、保持団体の認

113

定制度、民俗文化財の制度の整備、埋蔵文化財の制度の整備、伝統的建造物群保存地区の制度の新設、文化財保存技術の保護制度の新設、都道府県文化財保護審議会等、第3次改正（平成8年改正）として登録文化財制度の創設、指定都市等への権限の委任等、重要文化財等の活用の促進、第4次改正（平成16年改正）として文化的景観の保護制度の創設、登録文化財制度の拡充、民俗技術の保護、と4段階に整理する見解もある。中村・前掲（注53）23〜30頁。

66) 同上155頁。

67) 稲田・前掲（注2）99頁。

68) 注52参照。

69) 稲田・前掲（注2）41〜42頁。

70) 和田・前掲（注60）21頁。

71) 稲田・前掲（注2）54〜59頁。

72) 同上42頁、65頁。

73) 同上67頁。

74) 具体的には、土木工事に際して、発掘による埋蔵文化財の調査と記録の保存が要請される。こうした要請は遺跡の破壊を認めるものであり、埋蔵文化財の保護という観点からは不十分な規制措置とも批判されるが、少なくとも文化財が記録され、その記録が保存されうるという点で、必要最低限の措置として認めてよい、と考えられている。千葉勇夫「埋蔵文化財包蔵地の土木工事に伴う発掘調査費用を事業者（発掘者）に負担させる旨の行政指導が違法・不当でないとされた事例」判評326号（1986年）40頁。

75) 鈴木庸夫「文化財埋蔵地での工事に伴う発掘調査と行政指導」法教65号（1986年）73頁。なお、文化財保護法による工事に対する規制がきわめて消極的である理由として、土地所有権を尊重し、その利用・開発の自由を最大限重視しているから、とする分析もある。原田尚彦「埋蔵文化財の調査と費用負担─東京高裁昭和60年10月9日判決に関連して」ジュリ853号（1986年）64頁。

76) 椎名慎太郎「埋蔵文化財保護のための行政指導と調査費用負担制度─東京高判昭和60・10・9をめぐって」法時58巻5号（1986年）103頁。なお、開発事業者が自ら記録保存（発掘調査と遺物処理等を含む記録作成）の能力を有する場合（考古学部門をもつ大学など）は自ら行うが、通常はそのような能力を有しないので、能力を有する者（地方公共団体の教育委員会など）に依頼して記録保存を実施し、委託料等を支払うことになる。これが、原因者負担のメカニズムである。和田・前掲（注60）194頁。

77) 原因者負担に批判的な要補償説は、過大な負担を強いる現行法の下では事業者から必要な協力が得られず、工期の遅れや費用の増加を恐れて、発見した遺跡を秘密裡に処理する事例も後を絶たず、結局、埋蔵文化財保護が進まないことを憂慮する。また、今日の自治体の財政規模からすれば、調査費用の支給は大した負担ではないのだから、実際的な効果も考えて、公正な費用の分担を研究すべきだ、とする。江橋崇「埋蔵文化財保護のための調査費用負担と補償の要否」法セミ378号（1986年）

104 頁。

78）和田・前掲（注 60）45〜46 頁。

79）坂井・前掲（注 62）9〜10 頁。

80）各イベントの詳細報告については、福永伸哉「文化財保護行政を次世代につな
ぐために——「第 2 回埋蔵文化財保護行政説明会」のようす」考古学研究 62 巻 4 号
（2016 年）1 頁以下、清野孝之＝三好裕太郎「「平成 27 年度埋蔵文化財保護行政基
礎講座」参加記」同 3 頁以下参照。

81）例えば、博物館資料の保存と活用なども、一般的に論じられる。詳細は第 4 章
1 参照。

82）もっとも、アフガニスタンのメスアイナク（Mes Aynak）では文化遺産地区と
銅鉱山地区が隣接しており、MCC（中国冶金加工グループ）による露天掘りが遺
跡破壊と環境汚染を同時に引き起こすとして問題になった。「開発か保護か」とい
う命題について、保護を優先する旨を 2008 年に明らかにしたアフガニスタン政府
は、MCC による採掘に先立って 2009 年に緊急発掘調査を開始した。しかし、反
MCC の市民運動が世界的に広がり MCC が撤退すると、発掘調査も頓挫した。
MCC の撤退を機に、世界銀行も発掘調査費用の拠出を止めたことが、直接の原
因とされる。NHK エンタープライズ・前掲（注 55）。保護と利用が共倒れになっ
た、新しいタイプの事例といえる。

83）西村・前掲（注 58）15 頁。

84）文化庁 HP http://www.bunka.go.jp/seisaku/bunkazai/shokai/hozonchiku/（最
終閲覧日 2017 年 10 月 3 日）。

85）坂井・前掲（注 62）14 頁。

86）同事業は、歴史的価値のある地区について、通過交通の迂回を主目的とする幹
線道路の整備にあわせ、歴史的みちすじを含む地区内道路の体系的整備を行うこと
等により、歴史的環境を保全しつつ、面的な街路事業を実施するもので、「身近な
まちづくり支援街路事業」の一環である。国土交通省 HP http://www.mlit.go.jp/
singikai/infra/city_history/historic_climate/hozon/2/images/san01.pdf（最終閲覧
日 2017 年 10 月 3 日）。

87）宅地開発の範囲の問題は、ベル・エポック期（1880 年頃から 1914 年まで）の
パリで、すでに顕在化していた。久末・前掲（注 17）83 頁。

88）久末弥生『アメリカの国立公園法——協働と紛争の一世紀』（北海道大学出版会、
2011 年）34 頁、36 頁。

89）古典的な例としては、ポンペイ（注 52 参照）が挙げられる。1748 年に発掘が
開始された古代都市ポンペイの、城壁で囲まれた市街地面積は約 66 ヘクタールで、
250 年以上にわたって継続されてきた発掘調査と研究は、2016 年現在でおよそ 8
割が発掘を完了している。ローマ都市としての性格や市民たちの生活がわかると
して、イタリア屈指の観光都市でもあり、ポンペイ監督局（Soprintendenza
Pompei）とナポリ国立考古学博物館（Museo Archeologico Nazionale di Napoli）
が保存の責任を担っている。青柳正規ほか監修『世界遺産 ポンペイの壁画展』（東

京新聞ほか、2016 年）15 頁。都市計画の観点からは、古代都市の遺跡が、部分的ではなく丸ごとの状態で出土したことが特に注目される。

90）歴史まちづくり法研究会編集『歴史まちづくり法ハンドブック』（ぎょうせい、2009 年）21 頁。

91）詳細については、吉荒夕記『美術館とナショナル・アイデンティティー』（玉川大学出版部、2014 年）参照。

92）久末・前掲（注17）83〜84 頁、Christophe Leribault, Au Comptoir central de la Fantaisie, Paris 1900: La ville spectacle, Paris Musées（2014）p.17.

93）現在の天王寺公園と新世界の場所が、天王寺会場だった。天王寺会場の他にも、堺会場があった。

94）西口忠「博覧会の始まりと「大阪の博覧会」」『大阪春秋（季刊）』通巻 140 号（2010 年）19〜20 頁。

95）古川武志「大阪と内国勧業博覧会・明治の万博開催へ」『大阪春秋（季刊）』通巻 140 号（2010 年）38 頁。

96）泉屋博古館学芸部編集『住友春翠生誕 150 年記念 住友春翠—美の夢は終わらない』（泉屋博古館、2016 年）12 頁、18 頁、26 頁。

97）西口・前掲（注94）17 頁。当時のフランスは第二帝政（1852-1870）下にあり、ナポレオン 3 世（Napoléon III、本名 Charles Louis Napoléon Bonaparte、1808-1873）がフランスの駐日公使レオン・ロッシュ（Léon Roches、1809-1901）を通して江戸幕府にも出展を求めた。そこで、江戸幕府第 15 代将軍徳川慶喜（1837-1913）の弟である徳川昭武（1853-1910）が、将軍の名代として第 2 回パリ万博へと派遣された。後世に広く知られることになる、徳川昭武遣欧使節団である。西野嘉章、クリスティアン・ポラック編『日仏修好通商条約締結 150 周年記念特別展示 維新とフランス—日仏学術交流の黎明』（東京大学総合研究博物館、2009 年）368 頁。

98）ベル・エポック期のパリの街並みが、明治・大正期の大阪の都市計画に与えた影響は少なくない。例えば、1912 年（明治 45 年）7 月に建設された大阪の初代通天閣（高さ 64 メートル）が、塔部分はエッフェル塔を、土台部分は凱旋門を、それぞれ模した設計だったことはよく知られているし、通天閣を起点とする 3 本の道路や放射状の街並みが当時のパリを模したものだったことが、「新世界」という地名の由来である。久末・前掲（注17）85 頁。

99）西半分は大阪市から民間に売却され、市街地として開発された。青木茂夫「博覧会余録・新世界」『大阪春秋（季刊）』通巻 140 号（2010 年）53 頁。

100）大阪市で最初の都市公園は、1891 年（明治 24 年）開園の「中之島公園」である。

101）大阪市立大学大学史資料室編『大阪市立大学の歴史 1880 年から現在へ—大学は都市とともに、都市は大学とともに』（大阪市立大学、2017 年）36 頁。

102）大阪市立大学編集『大阪市立大学の百年 1880〜1980』（大阪市立大学、1980 年）18 頁。

103）内国博と大大阪の関係については、「近代都市として「大大阪」に固有のイメージがあるとすれば、内国博が果たした役割はやがて「大大阪」へと続くイメー

**116**

ジの試金石となったのではないか。20世紀という大きなうねりは、大阪において「大大阪」へと収斂していくのである。」（古川・前掲（注95）39頁）など、密接な相関関係が指摘されている。

104）久末・前掲（注17）4頁。

105）国立公文書館デジタルアーカイブ http://www.archives.go.jp/exhibition/digital/henbou/contents/37.html（最終閲覧日 2017年10月3日）。

106）橋爪紳也監修、高岡伸一＝三木学編著『大大阪モダン建築』（青幻舎、2007年）39頁、川嵜千代編著『芝川ビル since 1927』（百又株式会社、2014年）2頁。

107）橋爪監修、高岡＝三木編著・前掲（注106）6頁、古川武志「「大大阪」の成立と大大阪記念博覧会」『大阪春秋（季刊）』通巻140号（2010年）43頁。

108）古川・前掲（注107）42頁。

109）同上43頁。

110）注97参照。

111）久末・前掲（注17）79～81頁、久末弥生『フランス公園法の系譜』（大阪公立大学共同出版会、2013年）16頁。

112）大阪市HP「御堂筋の歴史」http://www.city.osaka.lg.jp/kensetsu/page/0000239175.html（最終閲覧日 2017年10月3日）。

113）久末・前掲（注17）80～81頁、84頁。

114）大阪市立大学大学史資料室編・前掲（注101）42頁。

115）同上44頁、55頁。

116）名称に「市立」の語を含めなかったのは、設置者を名称に含めない当時の慣例にのっとったからとされる。同上55頁。

117）野村グループHP「創業者「野村徳七」」http://www.nomuraholdings.com/jp/company/basic/founder/（最終閲覧日 2017年10月3日）。

118）大阪市立大学大学史資料室編・前掲（注101）64～65頁。経済研究所は後に、2003年（平成15年）4月の大学院創造都市研究科の新設に貢献することになる。

119）東京都公文書館HP「大東京35区物語」http://www.soumu.metro.tokyo.jp/01soumu/archives/0714tokyo_ku.htm（最終閲覧日 2017年10月3日）。

# 第6章 | 考古学資源と公有地

## 1 アメリカの考古学資源管理と公有地法制

アメリカの考古学資源法制は、3系統の法律によって支えられている。いずれも1906年の古代遺物法に端を発するが、

- 1906年の古代遺物法→1979年の考古学資源保護法（ARPA）
- 1960年の貯水池救出法→1974年の考古学資料保護法（ADPA）、考古・歴史保存法（AHPA）
- 1935年の史跡法（HSA）→1966年の国家歴史保存法（NHPA）

のように大きく整理できる。以下で、詳しく見ていきたい。

### ⑴ 1906年の古代遺物法

1890年代はじめ、アメリカでは南西部のインディアンの芸術と歴史への国民的関心が非常に高まり、こうした関心が先史時代の本物の文化遺物への大きな需要を生み出していた。その結果、カサグランデ（Casa Grande）、メサヴァード（Mesa Verde）、チャコキャニオン（Chaco Canyon）といった遺跡や岩窟住居が、見境なく発掘され破壊された。先史時代の遺跡保護を規定する連邦法や州法はなく、考古学の専門家はほとんどいなかった。このように保護の必要が特に深刻な中、1906

**119**

年に連邦議会は古代遺物法（Antiquities Act, 34 Stat. 225）を制定した（後に U.S.C. 16 巻 431〜433 条に修正編纂された）[1]。古代遺物法はアメリカで最初の歴史保存についての法であり、公有地上の古代遺物を許可なく発掘し、持ち去り、破損することを禁止する。同法はまた、大統領が国立記念物（National Monument）を創設する目的で、多様な利用状態から古代遺物を取り出すことを認めた[2]。連邦所有地やインディアン地など公有地にある考古学資源に内在する公益とそれらの資源に対する支配についての同法の主張は、今でも、略奪や破壊行為から考古遺跡を保護し公共の利益のためにそれらを管理するための、行政機関による取り組みの基本となっている。古代遺物法の制定までには、学者、市民、連邦議会の議員たちが一丸となっての熱心なキャンペーンが、探検、出版、展示、その他の活動を通じて行われ、国民はアメリカの古代遺物の価値に対する恒久的な意識を喚起された[3]。アメリカのアイデンティティーの、1 つの発現場面といえる。

　より具体的には、第 1 節（現 U.S.C. 16 巻 431 条）が大統領に、歴史的、科学的、景観的なものあるいはそれらの価値をもつ土地を国立記念物として取り出して留保する権限を認め、第 2 節（現 U.S.C. 16 巻 432 条）は公有地上の文化的・歴史的なものの商業的利用をやめさせることを意味し、第 3 節（現 U.S.C. 16 巻 433 条）により、「先史時代の遺跡（prehistoric ruin）」あるいは「古代遺物（object of antiquity）」を私用に供し、発掘し、損傷するには土地管理当局の許可が求められるとされた[4]。古代遺物法は連邦所有地やインディアン地での教育的・科学的な考古学調査を監視し調整する手段にはなったものの、それらの土地での故意による犯罪的な古代遺跡の略奪を効果的に防ぐあるいはやめさせることができなかった[5]。古代遺物法の第 3 節が規定する 500 ドルという最大罰金額は十分な抑止手段にならなかったし、同法が罰を科すのは私用供用者のみで、密売人や買い手は罰を科されなかったからである[6]。

問題は何十年間も未解決のままだったが、古代遺物法を用いて略奪を有罪にしようとする南西部での土地管理当局と検察官によるいくつかの試みが、逆方向の裁判所判断に帰結した 1970 年代に、状況が深刻化した。1974 年の合衆国対ディアス連邦第 9 巡回区控訴裁判所判決（United States v. Diaz, 499 F.2d 113）と 1979 年の合衆国対スマイヤー連邦第 10 巡回区控訴裁判所判決（United States v. Smyer, 596 F.2d 939）という 2 つの判例において、古代遺物法の「古代遺物（object of antiquity）」という定義が"違法にあいまい（unconstitutionally vague）"であるとして無効が判示されたのである[7]。

こうした状況は、考古学資源の法的保護を強化しようとする、考古学者たち、保存主義者たち、法実現団体の中の協力者たち、連邦議会の中の数名の主要な支持者たち、特に上院議員のジェフ・ビンガマン（Jeff Bingaman, 1943-）とピート・ドメニチ（Pete Domenici, 1932-）、下院議員のモーリス・ユーダル（Morris Udall, 1922-1998）による、一致協力しての立法イニシアティブにつながった。その最終的な成果が、1979 年の考古学資源保護法（Archaeological Resources Protection Act: ARPA）だった[8]。

## (2) 1935 年の史跡法（HSA）

1935 年の史跡法（Historic Sites Act: HSA. 以下「HSA」という）はランドマーク法とも呼ばれ、従来のように公有だけでなく、私有の歴史的財産についても歴史保存政策を打ち出した[9]。HSA は後の 1966 年の国家歴史保存法（NHPA）の苗床と位置づけられると共に、国立公園局（National Park Service: NPS. 以下「NPS」という）が歴史保存に関する連邦政府の最高責任者であることを確立した点で、政治的に重要と評価されている。HSA は、アメリカ史の解釈や記念において、国家的見地から重要と判断される歴史的財産に対する全部または一部の

121

権利を特定、登録、記述、記録、取得することを、NPS に認めた。HSA は取締り規定を何ももたないし、NPS に対して多くのことをするよう実際に求めることはなかった。しかし、HSA の通過を促したのは NPS であるし、現在の「国立歴史ランドマークおよびアメリカ歴史的建物調査（National Historic Landmarks and Historic American Buildings Survey programs)」の前身であるアメリカ歴史的建物調査(HABS) を NPS が 1933 年に開始したことは[10]、1950 年代から 1960 年代にかけての流域救出プログラム（River Basin Salvage program）から生まれた NPS の考古学的要素と共に、NHPA とそれに続く国家歴史保存プログラムに、組織化された理論的な枠組みを提供したといえる[11]。

## (3) ユネスコ勧告
### ──1956 年の「考古学発掘に適用される国際原則に関する勧告」

　文化資源情勢へのユネスコの比較的早期の進出の1つとして、1956 年の「考古学発掘に適用される国際原則に関する勧告（Recommendation on International Principles Applicable to Archaeological Excavations)」の採択が挙げられる。アメリカはかなりの程度まで同勧告を支持するものの、1点で大きく抗議する。アメリカにおける私有財産権の重要性を考慮すれば、"考古学的物質の発見者は発見を報告しなければならないし、もし申告されなければ没収に従うこととする"という部分のユネスコ勧告がアメリカでは受け入れられなかった。アメリカの考古遺産法制は、連邦所有地やインディアン地などの公有地にのみ適用されるのがほとんどだからである。ユネスコが 1946 年に設立されるよりもずっと前に、アメリカは連邦所有地とインディアン地にある遺跡を保護するために 1906 年の古代遺物法を制定していたというのが、アメリカの主張である[12]。

　アメリカも支持する、他の部分のユネスコ勧告の概要は次のとおり

第6章　考古学資源と公有地

である。ユネスコはまず、さまざまな方法、例えば考古遺跡を史跡に
分類し、遺跡を特定し維持するために考古局（archaeological service）
を創設し、調査・公表・遺跡維持・偶然の発見に対応するための資金
を提供することで、「考古遺産（archaeological heritage）」を保護する
ように各国に勧告した。次に、アメリカでは受け入れられなかった、
発見の報告と申告されない物の没収についての勧告のほか、

- 各国は、自国の学者と他国からの研究者の両方によって、発掘に
  おける高い水準を維持しなければならない。
- 比較研究と国際協力が促進されなければならない。
- 遺跡の標本が、将来の調査のために元のままで保存されるべきで
  ある。
- 資料は共有されなければならないし、成果の公表が促されなけれ
  ばならない。
- 公教育が促進される。
- 発掘者は自分が掘った遺跡を元通りにし、成果物と資料を保全す
  ることを義務付けられなければならない。
- 各国は発見物の譲渡についての規則を採用しなければならないし、
  違法取引や考古遺跡の盗掘を抑止しなければならない。
- 戦時中は、各国は遺跡を保護し、占領期間中に他国が古代遺物を
  発掘するのをやめさせるように努めなければならない。

などの勧告が続く[13]。

## (4) 1960 年の貯水池救出法

　1970 年代の考古学者たちは、公有地で人々が考古学資源を発掘し
ていることだけでなく、公有地と私有地の両方で遺跡を荒廃させてい

る、連邦に支援され、連邦に許可されたすべてのプロジェクトについても懸念した。これらの連邦プロジェクトに対応すべく、考古学者たちが依拠し、更新を求めたのが、1960年の貯水池救出法（Reservoir Salvage Act）だった。同法の起源は、第二次世界大戦終戦までさかのぼる。戦争から戻った陸軍工兵隊（Corps of Engineers）に連邦議会は、洪水制御と発電のためにミズーリ川流域のダム建設の任務を割り当て、後にアメリカ中のダム建設を任せた。これらのダムの背後にある貯水池が、数千もの考古遺跡を浸水させるかもしれないことを認識しつつ、NPSとスミソニアン協会[14]は「ミズーリ川流域プログラム（Missouri River Basin Program）」、後の「流域救出プログラム（River Basin Salvage Program）」を開始した。同プログラムの目的は、上昇する水に飲み込まれる前に、考古遺跡の救出発掘を迅速に行うことだった。

　1960年になる前にスミソニアン協会は流域救出プログラムから撤退していたが、連邦議会は1960年の貯水池救出法において、NPSに同プログラムのための予算を求める権限を与えた。以後15年間にわたって、NPSは年間数百万ドルを投じて国内の考古学的救出の大部分を支援したが、貯水池救出法に基づく救出が認められるのは、あくまでも「貯水池（reservoir）」のみだった。1960年代には他にも、連邦道路局（Federal Highway Administration: FHWA）が州間幹線道路システム（interstate highway system）で救出資金の提供を始めたほか、いくつかのプロジェクトが救出要素をもっていたが、アイゼンハワー政権時代（1953〜1961年）、ケネディ政権時代（1961〜1963年）を通じて農業、都市再生、土地変更プログラムへの連邦参加が増すにつれて、連邦に支持された遺跡の破壊がはびこるようになった[15]。貯水池救出法はもはや、古めかしい法律となったのである。

## (5) 1966年の国家歴史保存法（NHPA）

連邦プロジェクトに伴う遺跡の破壊問題を背景に1966年の国家歴史保存法（National Historic Preservation Act: NHPA. 以下「NHPA」という）が制定された当時、同法の潜在能力を認める考古学者はほとんどいなかったといわれる[16]。しかし、NHPAは今では、考古学資源や伝統文化財を含む歴史的財産を扱う法源として、最もよく知られている。

NHPAが最もよく知られているのは実際には、行政機関に対して歴史的財産への彼らの活動の影響を考慮するよう求めている、106条（section 106）の部分である[17]。NHPAの106条は、次のように規定する。

「連邦提案あるいは連邦支援の州事業を直接的または間接的に管轄する連邦行政機関の長と、事業の許可権限を有する独立行政機関の連邦部門の長は、事業への連邦資金の支出あるいは許可の交付に先立って、臨機応変に、国立登録地（National Register）に含まれるあるいは含まれるのにふさわしい、地区、場所、建物、建造物、物への事業の影響を考慮しなければならない。そのような連邦行政機関の長は、そのような事業に関してコメントする正当な機会を……歴史保存諮問委員会（Advisory Counsil on Historic Preservation: ACHP. 以下「ACHP」という）に与えなければならない。」

つまり、同節は連邦行政機関に、

● （史跡の）国立登録地に含まれるあるいは含まれるのにふさわしい、地区、場所、建物、建造物、物、すなわち歴史的財産への彼らの活動の影響を「考慮する（take into account）」こと。

●そのような活動に関して「コメントする正当な機会（a reasonable opportunity to comment）を……ACHP に与える」こと。

というたった2つのことを求めるに過ぎないのだが、過去50年以上にわたって、プロジェクト審査の複雑な手続がこれら2つの要件から発達してきた。

NHPA の制定当初、起草者の1人で ACHP 初代事務局長のロバート・R・ガービー・ジュニア（Robert Robey Garvey Jr., 1921-1996）が106条の注釈を行った。それによると、ACHP にコメントするあるいは考慮する機会を与えなければならないのは、すでに国立登録地である場所への影響についてのみとされた。国立登録地の制度が ACHP と同じくらい新しかったため、それほど多くの場所もなく、106条の運用はしばらく緩やかだった。しかし、NPS が国立歴史ランドマーク（National Historic Landmarks: NHLs）の既存リストと HABS によって記録された建物目録を用いながら国立登録地の整理を始めると、行政機関も時々、106条を扱うようになった。そこで当時、NPS に取り込まれていたガービーと仲間たちは、「考慮する」とは、行政機関の活動がもたらしそうな影響を推定し、有害な影響を軽減する方法を検討することを意味すると注釈した。また、106条審査の理論的根拠として、歴史保存は公益なので国民を協議に参加させなければならないと説明されたが、ほとんどの行政機関が歴史保存についてまったく無知だったため、少しは知っていた ACHP や州の職員たち[18]との協議で行うしかなかったというのが実情だった[19]。

## (6) 1969 年の国家環境政策法（NEPA）

1969 年の国家環境政策法（National Environmental Policy Act: NEPA. 以下「NEPA」という）は文化資源を最も幅広く扱う法律であり、これ

らを最も狭く扱う NHPA の 106 条と対照的である[20]。

NEPA が扱う文化資源は、歴史的場所（historic places）、精神的場所（spiritual places）、文化的景観・河川（cultural landscapes, rivers）、文化的に重要な動植物（culturally important plants, animals）、文化的に重要な水・大気・風のパターン（culturally important water, air, wind patterns）、考古遺跡（archeological sites）、難破船・水没航空機（shipwrecks, submerged aircraft）、アメリカ先住民墓所・文化的品目（Native American graves, cultural items）、宗教儀式（religious practices）、伝統的生活様式（traditional subsistence practices）、他の社会的慣習・生活様式（other social institutions, ways of life）、歌・物語・踊り（songs, stories, dances）、歴史文書（historical documents）、文化遺物（artifacts）など、すべての資源タイプである[21]。

## (7) 1974 年の考古学資料保護法（ADPA）、考古・歴史保存法（AHPA）

NHPA とは異なり、考古学者たちが大いに期待したのが、1974 年の考古学資料保護法（Archaeological Data Protection Act: ADPA. 以下「ADPA」という）および考古・歴史保存法（Archaeological and Historic Preservation Act: AHPA. 以下「AHPA」という）だった。「モス・ベネット法（Moss-Bennet Act）」の別名をもつ ADPA は、AHPA と共に貯水池救出法を修正し、ADPA および AHPA はすべての行政機関とあらゆる種類のプロジェクトに適用されることになった[22]。修正は、貯水池救出法の適用範囲を拡大し、同法に基づく資金提供を拡大させる方向で行われた[23]。

ADPA は、主に 3 つのことを行う。まず、すべての行政機関に、自らのプロジェクトのどれかが「重要な科学的、先史時代の、歴史的、考古学的な資料」の損失を引き起こす時はいつでも、内務長官に報告するよう指示する。つまり、行政機関自ら、考古学的、歴史的、科学

的な資料への影響に注意するよう指示する[24]。次に、行政機関自らで危機にさらされた資料を取り戻すか、行政機関のためにそうするよう内務長官に依頼するか、行政機関に選択肢を与える。最後に、先の選択肢で内務長官に依頼する方を選ぶならば、救出を支援するためにプロジェクト費用の1%までを行政機関が内務長官に渡すものとする。内務長官はもちろん、NPS を代理している[25]。

　ADPA は今日、救出を指揮する権限としてしばしば用いられると共に、NHPA の 106 条審査が完遂された後に行政機関が考古遺跡を発見した場合に、救出のための資金を NPS に渡す根拠として用いられている。ADPA はまた、全国考古学プログラム（national archaeological program）の状態について連邦議会に年次報告書を提出するのを正当化するために、NPS が用いる法的根拠の1つである。ADPA と NHPA の関係については、理論的には NHPA の国立登録地にふさわしい財産以外のものに ADPA が適用されることになるが、概して ADPA の範囲は NHPA よりも狭く解されており、国立登録地にふさわしい遺跡から資料を取り戻す資金を提供するのを正当化するために用いられている。なお、ADPA は、プロジェクト費用の1%までを NPS に渡すことを認めるが、考古学者たちにこれを引き渡す義務があるという意見には反対するし、考古学のために1%の権利を作り出すことも決してない。つまり、ADPA を 106 条審査の代わりに用いることはできないので、プロジェクトに何か問題があれば106条に従う必要があるし、ADPA は 106 条審査を完遂した場合に資金提供のメカニズムを与えるに過ぎないのである。むしろ、106 条の協議当事者たちが、危機にさらされた遺跡（国立登録地にふさわしい遺跡である必要は必ずしもないし、考古遺跡である必要すらない）から考古学資料を取り戻すための十分な仕事をしていないと思う時に、ADPA を訴訟ツールとして用いることができる点に留意すべきだろう[26]。

### (8) 1979 年の考古学資源保護法（ARPA）

先述した古代遺物法の難点は、1979 年の考古学資源保護法（Archaeological Resources Protection Act: ARPA. 以下「ARPA」という）（現 U.S.C. 16 巻 470aa〜470ll 条）の通過によって克服され[27]、1988 年の修正によって法効果がさらに改善された[28]。ARPA は端的には、連邦所有地とインディアン地にある「考古学資源（archaeological resource）」へのアクセスを規制する[29]。すなわち、ARPA は連邦所有地とインディアン地にある考古学資源を許可なく発掘し、持ち去り、損害を与えることを禁止し、違法に手に入れた文化遺物の違法売買を禁止する[30]。この統一規制は、内務省、農務省、テネシー川流域開発公社（Tennessee Valley Authority: TVA）、ARPA 実施を軍の指揮下に置く国防省によって、協力して出された[31]。

ARPA 規制である U.S.C. 16 巻 470bb 条は考古学資源を、「少なくとも 100 年を経ている、人間の生活や活動の何か物質的な遺物で考古学的利益（archaeological interest）をもつもの」と定義する。具体的には、陶器、かご細工品、瓶、武器、武器の弾丸、道具、建造物あるいは建造物の一部、竪穴住居、岩絵、岩彫刻、沈み彫り、墓穴、人骨、前述の品目の一部あるいは一片を含むが、それらに限られない（470bb (1)）[32]。このように、考古学資源の範疇には拡張性がある[33]。なお、DNA の痕跡を含む物質は、有益な資料として今や集中的に採掘される可能性があるが、ARPA の制定当時はそうした科学技術は知られていなかった。今後は、科学的専門家の実施を通じて保護資源を定義することを行政機関に認めるか、連邦議会で検討する余地がある。

ARPA の重要な禁止部分は、U.S.C. 16 巻 470ee 条の「そのような活動が許可……あるいは適用除外によるものでないかぎり、公有地やインディアン地にある考古学資源を、発掘し、持ち去り、損害を与え、さもなければ改変するか外観を損なう、あるいは発掘し、持ち去り、

**129**

損害を与え、さもなければ改変するか外観を損なおうとすることは何人もできない（No person may excavate, remove, damage, or otherwise alter or deface, or atempt to excavate, remove, damage, or otherwise alter or deface any archaeological resource located on public lands or Indian lands unless such activity is pursuant to a permit……or the exemption）」（470ee (a)）である。つまり、公有地行政機関は、許可を与えないか、あるいは他の資源管理目標と調和させる要件と共に許可を与えるか、裁量を有する[34]。

ARPA 違反者は、自分が発掘したものと自分が発掘に供したもの（乗り物、ボートなど）の没収に加えて、もし有罪と決定すれば罰金刑や監獄刑を宣告されることになる（470ee (d)）。広く文化資源管理者たちには ARPA あるいは ARPA 違反に対応することが期待されており、ARPA の実施訓練がさまざまな非政府ソースに加えて NPS や連邦法実施訓練センター（Federal Law Enforcement Training Center）でも行われている。ARPA 制定以来、かなりの数の ARPA 犯罪訴追があり、今ではそれを専門とする ARPA 調査官と検察官がいる。ARPA 違反者の中には武装し危険な者もいるが、ARPA によって有罪とすることが破壊的行為を防ぐための最良の方法かについては疑問も呈されている。また、文化遺物収集愛好家、営利目的の発掘者、明らかな破壊者を、無法者という1つの範疇にひとまとめにすることについても疑問の声があるが、ともかく ARPA は土地法（law of the land）として考古学資源管理の実施の主要部分を担う。現在、アメリカの多くの州や行政機関にはボランティアの「遺跡スチュワードプログラム（site-steward program）」があり、有志者たちが遺跡状態の監視を手伝っている[35]。

ARPA による許可基準は、NHPA の 106 条や NEPA、その他の権限に基づいて連邦所有地やインディアン地で何か考古学作業を行いたい場合にも適用される。許可を得る者は専門家の資格を満たさなけれ

第 6 章　考古学資源と公有地

ばならないし（もっとも、チームリーダーのみが満たせば足りる）、回収
された物と資料は特定基準を満たす施設に所蔵されなければならない。
作業は学問的理由や保存理由で行われなければならないし、回収され
た資源は永久にアメリカの財産であり続け、それらが考古学的利益を
失ったために資源でなくなった場合にのみ処分されうる[36]。連邦政府
が考古学資源を決して売却あるいは放棄できないという皮肉な状態は、
日本における出土文化財の蓄積・廃棄問題と同様の状況を招く可能性
を示唆している。

　NHPA の 106 条との関係では、連邦行政機関が ARPA 許可を与え
た他は何もしないならば 106 条審査の必要はないが、何か他のかたち
で権利や援助を与えているならば（例えば、資金、トラック、シャベル
などの提供）106 条審査をまさに完遂する必要がある[37]。

　ARPA はまた、考古学資源についてインディアンの宗教的・文化
的な利益を制定法上はじめて認めると共に、特にインディアン地での
考古学資源管理における大きな役割を彼らに与えた点も高く評価され
ている[38]。ARPA 許可が関連する資源に潜在的利益を有するインデ
ィアン部族は、関係土地管理者によって知らされると共に、当該作業
について協議する機会を与えられなければならない。部族地で作業が
行われる場合には、その部族が同意を与えなければならない。もちろ
ん、1990 年の「アメリカ先住民墓所保護・返還法（Native American
Graves Protection and Repartriation Act: NAGPRA. 以下「NAGPRA」と
いう）」に基づいて、許可の交付についての責任行政機関は、文化的
に密接に関係する部族に単に知らせるだけでなく、協議のための真の
取り組みを行わなければならない[39]。

　なお、ARPA は「公有地（public lands）」を連邦の国立公園システ
ム（national park system）、国立野生生物保護区システム（national
wildlife refuge system）、国有林システム（national forest system）をす

131

べて含むものとして定義すると共に、外縁大陸棚（Outer Continental Shelf）の土地とスミソニアン協会の管轄地以外のすべての土地で合衆国が封土権（fee title）をもつと規定する（470bb(3)）。同権は公有地やインディアン地以外の土地から考古学資源を適法に回収、収集、売却することに悪影響を及ぼさない（470kk(c)）ので[40]、私有地でのこれらの行為は認められることになる。

## 2　考古学資源法制の展望

　このように、アメリカの考古学資源法制は多様な内容を含んでいるが、21世紀の日本に生きるわれわれにも考古学資源管理について3つの大きな方向性を示している。まず、官民連携が必要不可欠であること、次に、先住民との協議など民族学的アプローチが求められること、最後に、公益としての考古学資源の保護が重要なことである。

　官民連携についてアメリカでは、NPS、土地管理局、開拓局（Bureau of Reclamation）、魚類野生生物局（U.S. Fish and Wildlife Service）、森林局（U.S. Forest Service）、州歴史保存職員、州考古学者（state archaeologists）、大学、博物館、インディアン部族、地方政府といった多くの行政機関その他が現代の考古・歴史保存において重要な役割を果たすし、アーカンソー考古学調査（Arkansas Archaeological Survey）とアーカンソー考古学協会（Arkansas Archaeological Society）の間の特に注目すべき官民連携のようなモデルを定める州プログラムもある。また、アメリカ文化資源協会（American Cultural Resources Association）、考古学的自然保護団体（Archaeological Conservancy）、アメリカ考古学会（Archaeological Institute of America）、州歴史保存職員全国会議（National Conference of State Historic Preservation Officers）、歴史保存ナショナル・トラスト（National Trust for Historic

Preservation)、アメリカ考古学協会(Society for American Archaeology)、歴史考古学会 (Society for Historical Archaeology) など、プロの民間支持団体も重要な仲間である。つまり、考古学的保存と説明のための広範な支援が、アメリカ史の深さと多様性をより良く理解するのに必要不可欠といえる[41]。

アメリカ先住民との協議について、NAGPRA の3(c)条は、ARPAに基づく許可がなければ、連邦所有地やインディアン地にあるアメリカ先住民の骨や文化的品目を発掘し、持ち去り、さもなければいじくり回すことはできないと述べる。1979年の ARPA 制定以来、考古学者たちは数十年にわたって ARPA 許可の下で考古学作業を行ってきたが、1990年の NAGPRA 制定後は、部族との協議や返還を行わなければならなくなった[42]。1906年の古代遺物法の支持者たちが想像もしなかった、考古学資源の取扱いに関する現代的観点として、他のタイプの文化資源・自然資源の伝統的利用 (traditional uses) に対する正当な主張と、これらを背景に適切な協議と取扱いを発展させるための民族学的アプローチの重要さが挙げられる。アメリカインディアン、アラスカ先住民、ハワイ先住民、他の太平洋島民の伝統的利用や意見は、適切な協議と取扱いを通じて考慮されなければならないというコンセンサスが、アメリカでは確立しつつある[43]。

近年はさらに、個人的・商業的な利益のために考古遺跡を破壊する行為が、再び問題視されるようになってきた。そのような行為は、考古学資源についての慎重な調査から得られるかもしれない公益を排除することになる。古代遺物法の支持者たちがそうであったように、考古遺跡の略奪者や破壊者を拒絶し続けなければならないというのが、アメリカの世論である[44]。

今後、考古学資源法制の再構築にあたっては、これら3つの方向性に沿うことが世界的にも求められていくことになるだろう。

**133**

〈注〉

1 ) George C. Coggins, Charles F. Wilkinson, John D. Leshy, and Robert L. Fischman, Federal Public Land and Resources Law, Seventh Edition, Foundation Press (2014) p.1010.

2 ) Thomas F. King, Cultural Resource Laws and Practice, Fourth Edition, AltaMira Press (2013) p.390.

3 ) David Harmon, Francis P. McManamon, and Dwight T. Pitcaithley, The Antiquities Act: A Century of American Archaeology, Historic Preservation, and Nature Conservation, The University of Arizona Press (2006) pp.172-173.

4 ) Coggins, Wilkinson, Leshy, and Fischman, supra n.1 p.1010.

5 ) Harmon, McManamon, and Pitcaithley, supra n.3 p.172.

6 ) Coggins, Wilkinson, Leshy, and Fischman, supra n.1 p.1010.

7 ) Id., Harmon, McManamon, and Pitcaithley, supra n.3 p.172.

8 ) Harmon, McManamon, and Pitcaithley, supra n.3 p.172.

9 ) 関野克「諸外国の文化財保護の実情」児玉幸多 = 仲野浩編『文化財保護の実務[上]』（柏書房、1979 年）601 頁。

10) 建築家協会（AIA）と国立図書館と提携し、ほぼ1年間で5千枚以上の実測図と3千枚以上の写真を作成したといわれる。同上。

11) King, supra n.2 pp.388-389.

12) Id. pp.274-275.

13) Id. p.275.

14) スミソニアン協会について、詳細は第4章2参照。

15) King, supra n.2 pp.278-279.

16) Id. p.279.

17) Id. p.388.

18) 後に、「州歴史保存職員（state historic preservation officers: SHPOs）」となった。Id. pp.106-107.

19) Id. pp.105-107.

20) Id. p.105.

21) Id. p.5.

22) Id. pp.390-391.

23) Id. p.279.

24) Id. p.279, p.391.

25) Id. p.279.

26) Id. pp.279-280.

27) Coggins, Wilkinson, Leshy, and Fischman, supra n.1 p.1010.

28) Harmon, McManamon, and Pitcaithley, supra n.3 p.172.

29) King, supra n.2 p.275.

30) Coggins, Wilkinson, Leshy, and Fischman, supra n.1 p.1010.

第 6 章　考古学資源と公有地

31）King, supra n.2 p.275.
32）Coggins, Wilkinson, Leshy, and Fischman, supra n.1 pp.1010-1011.
33）George C. Coggins, Charles F. Wilkinson, John D. Leshy, and Robert L. Fischman, Federal Public Land and Resources, Sixth Edition, Foundation Press（2007）p.1110.
34）Coggins, Wilkinson, Leshy, and Fischman, supra n.1 p.1011.
35）King, supra n.2 pp.276-277.
36）Id. p.277.
37）Id. p.278.
38）Coggins, Wilkinson, Leshy, and Fischman, supra n.33 p.1111.
39）King, supra n.2 p.278.
40）Coggins, Wilkinson, Leshy, and Fischman, supra n.1 p.1011.
41）Harmon, McManamon, and Pitcaithley, supra n.3 p.173.
42）King, supra n.2 pp.269-270.
43）Harmon, McManamon, and Pitcaithley, supra n.3 p.174.
44）Id.

**135**

《資料》

# Rebuilding a cultural heritage law system that can cooperate with sustainable city planning

## Yayoi HISASUE

In the past, planning and cultural heritage were not seen as connected, but it is obvious that if city planners seek "development" and cultural heritage advocates seek "preservation", the two are at odds. In the 21st century, both city planners and cultural heritage are aiming at a sustainability. The most important words in city planning today would be "sustainable city". This study considers how to update and rebuild a cultural heritage law system, with reference to city planning law, that advances efforts to realize sustainability.

**Keywords**: cultural heritage, sustainable city, law system

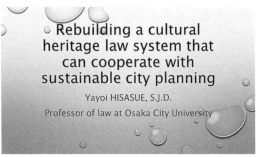

スライド1

Thank you for coming today.
I would like to talk about "Rebuilding a system of cultural heritage laws compatible with sustainable city planning".

## In the 21st century

- Both city planning and cultural heritage are focused on sustainability.
- The most important words in city planning today would be "sustainable city".

スライド2

資　料

スライド3

City planning and cultural heritage were not viewed as being connected, but it is clear that these two concepts are at odds if city planners seek "development" while cultural heritage advocates seek "preservation".

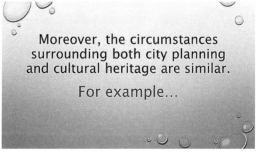

スライド4

スライド5

A new vision of city planning was born out of reflection on the wretched urban environment.

At the same time, demands were made for the preservation of archaeological heritage through protection from grave robbers and reckless mining practices.

スライド6

資　料

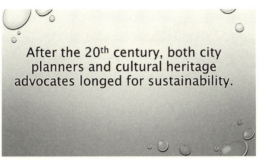

スライド7

スライド8

## Details about Loi du 2001

- French domestic law after the ratification of "European Convention on the Protection of the Archaeological Heritage (Valletta, 1992)".
- Under this law, France strongly leads the protection of archaeological heritage.
- Basically city planning follows cultural heritage for this law.
- Loi du 2001 was revised in 2003.

スライド 9

## Most Recently movement

- The protection of underwater cultural heritage (e.g., Titanic).
- A convention was adopted at UNESCO in 2001, and some ratifying countries have already prepared related domestic laws.

スライド 10

In the future, it will be connected to city planning like a underwater development.

資 料

### Conclusions: First...

- It is necessary to adopt the concept of sustainability as a new value in cultural heritage law.
- This would help update the legal system and make cooperation with city planning laws possible.
- It would also provide developers with the incentive to promote corporate social responsibility (CSR), such as being a "culture-friendly corporation", and to hold roundtable discussions among various parties, including administrators, developers, archaeologists and jurists.

スライド11

This is started but much behind the city planning law.

### Conclusions: Second...

- Proper application of the concepts "protection and use" and "preservation versus development" is necessary.
- Traditionally, "protection and use" applies to cultural heritage.
- Popularizing the concept of "preservation versus development" in environmental law would be especially helpful.

スライド12

Proper application of the concepts "protection and use", which is familiar to archaeologists, and "preservation versus development", which is familiar to city planners, is necessary.

Traditionally, the concept of "protection and use" applies to cultural heritage, and in principle, "use" takes priority.

Therefore, regarding invaluable and delicate archaeological heritage, popularizing the concept of "preservation versus development", where "preservation" takes priority, in environmental law would be especially helpful.

スライド13

スライド14

資 料

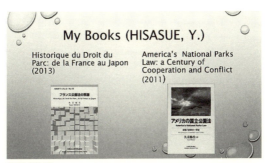

スライド 15

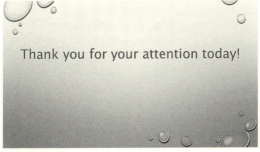

スライド 16

# 参考文献（和書）

ロイ・アドキンズ著、山本史郎訳『トラファルガル海戦物語（上・下）』原書房、2005 年

稲田孝司『日本とフランスの遺跡保護—考古学と法・行政・市民運動』岩波書店、2014 年

岩淵聡文『文化遺産の眠る海—水中考古学入門』化学同人、2012 年

デイヴィッド・M・ウィルソン著、中尾太郎訳『大英博物館の舞台裏』平凡社、1994 年

大橋洋一「道路建設と史跡保護—協議会の機能に関する一考察」行政法研究 16 号 1 頁、2017 年

大堀哲＝水嶋英治編著『新博物館学教科書 1　博物館学Ⅰ—博物館概論＊博物館資料論』学文社、2012 年

大堀哲＝水嶋英治編著『新博物館学教科書 4　博物館学Ⅳ—博物館資料保存論＊博物館実習論』学文社、2013 年

加藤有次『博物館学序論』雄山閣、1977 年

上岡克己『アメリカの国立公園—自然保護運動と公園政策』築地書館、2002 年

京都国立博物館編集『京都国立博物館 120 年の歩み』京都国立博物館、2017 年

倉田公裕＝矢島國雄『新編 博物館学』東京堂出版、1997 年

国立国会図書館調査立法考査局『米・英・仏・西独の文化財保護法』調査資料 75-1、1975 年

児玉幸多＝仲野浩編『文化財保護の実務(上)』柏書房、1979 年

ジョセフ・L・サックス著、都留重人監訳『「レンブラント」でダーツ遊びとは—文化的遺産と公の権利』岩波書店、2001 年

椎名慎太郎『遺跡保存を考える』岩波新書・新赤版 318、1994 年

椎名慎太郎『精説文化財保護法』新日本法規出版、1977 年

椎名慎太郎＝稗貫俊文『現代行政法学全集㉕　文化・学術法』ぎょうせい、1986 年

椎名愼太郎「私の文化財保護法研究の歩み」山梨学院ロー・ジャーナル 5 号

1頁、2010年

椎名仙卓『日本博物館成立史―博覧会から博物館へ』雄山閣、2005年

椎名仙卓＝青柳邦忠『博物館学年表―法令を中心に』雄山閣、2014年

須田英一『遺跡保護行政とその担い手』同成社、2014年

高橋雄造『博物館の歴史』法政大学出版局、2008年

田中琢＝佐原真『考古学の散歩道』岩波新書・新赤版312、1993年

中村賢二郎『文化財保護制度概説』ぎょうせい、1999年

中村賢二郎『わかりやすい文化財保護制度の解説』ぎょうせい、2007年

日本土地法学会編『環境アセスメント・埋蔵文化財と法』有斐閣・土地問題双書16、1982年

根木昭『文化行政法の展開―文化政策の一般法原理』水曜社、2005年

濱田耕作『通論考古学』岩波文庫・青N120-1、2016年

カトリーヌ・バレ＝ドミニク・プーロ著、松本栄寿＝小浜清子訳『ヨーロッパの博物館』雄松堂出版、2007年

久末弥生『アメリカの国立公園法―協働と紛争の一世紀』北海道大学出版会、2011年

久末弥生『フランス公園法の系譜』大阪公立大学共同出版会、2013年

久末弥生『都市計画法の探検』法律文化社、2016年

文化財保護法研究会編著『最新改正 文化財保護法』ぎょうせい、2006年

文化庁監修『文化財保護法五十年史』ぎょうせい、2001年

文化庁文化財保護部監修『文化財保護関係法令集』ぎょうせい、1997年

松井章『環境考古学への招待―発掘からわかる食・トイレ・戦争』岩波新書・新赤版930、2005年

安高啓明『歴史のなかのミュージアム―驚異の部屋から大学博物館まで』昭和堂、2014年

吉荒夕記『美術館とナショナル・アイデンティティー』玉川大学出版部、2014年

吉田憲司『改訂新版 博物館概論』放送大学教育振興会、2011年

歴史まちづくり法研究会編『歴史まちづくり法ハンドブック』ぎょうせい、2009年

和田勝彦『遺跡保護の制度と行政』同成社、2015年

# 索　引

（重要な頁を**太字**で記す）

## 《A to Z》

ABF　**88**, 89　→フランス建物建築家も参照

ACHP　**125**, 126　→歴史保存諮問委員会も参照

ADPA　119, **127**　→考古学資料保護法も参照

AFAN　**72**, 79　→全国考古学発掘協会も参照

AHPA　119, **127**　→考古・歴史保存法も参照

AIRFA　39　→アメリカインディアン宗教自由法も参照

ARPA　39, 119, 121, **129**, 130-131, 133　→考古学資源保護法も参照

ASA　39　→難破船法も参照

CSR　98　→企業の社会的責任も参照

DCMS　**62**, 67　→文化・メディア・スポーツ省も参照

DMPO　65　→開発管理手続命令も参照

FNAP　83　→予防考古学国家基金も参照

HABS　**122**, 126　→アメリカ歴史的建物調査も参照

HSA　39, 119, **121**, 122　→史跡法も参照

ICOM　**33**, 34　→国際博物館会議も参照

ICOMOS　**70**, 90　→国際記念物遺跡会議も参照

INRAP　72, 79-81, 83　→国立予防考古学研究所も参照

LBCA法　**63**　→開発計画（指定建造物・保全地区）法も参照

NAGPRA　39, **131**, 133　→アメリカ先住民墓所保護・返還法も参照

NEPA　39, **126**, 127, 130　→国家環境政策法も参照

NHLs　**126**　→国立歴史ランドマークも参照

NHPA　39, 119, 121-122, **125**, 126-128, 130-131　→国家歴史保存法も参照

NPS　**121**, 122, 124, 126, 128, 130, 132　→国立公園局も参照

PLU　**73**, 89　→都市計画ローカルプランも参照

POS　**73**, 89　→土地占用プランも参照

PPG16　**60**, 61　→開発計画政策ガイダンス覚書16も参照

PPS5　**60**, 61　→歴史的環境についてのPPS5開発計画も参照

RAP　72, 83-84　→予防考古学納付金も参照

SCOT　**73**　→広域一貫スキームも参照

SD　**73**　→指導スキームも参照

SRA　**74**　→州考古学課も参照

SRU法　**70**, 73　→都市の連帯と刷新に関する2000年12月13日法も参照

TCPA　**60**, 61　→都市田園計画法も参照

TVA　**129**　→テネシー川流域開発公社も参照

UNESCO　**27**　→ユネスコも参照

VARA　**39**　→視覚芸術権利法も参照

V＆A　**46**　→ヴィクトリア・アンド・アルバート博物館も参照

ZAC　**80**, 83　→協議整備区域も参照

ZPPAUP　**88**　→建築的・都市的・景観的遺産保護地区も参照

## 《数字》

106条審査　**126**, 128, 131

1900年万国博覧会　**104**

1979年法　**57**, 58-61　→古代遺跡および

考古地域法も参照

1983年法 **62**, 63 →国家文化遺産法も参照

2001年法 **70**, 71-72 →予防考古学に関する2001年1月17日法も参照

2003年法 **71**, 72-73, 79-80 →予防考古学に関する2001年1月17日法を修正する2003年8月1日法も参照

2004年アレテ 82 →作業報告書の内容と体裁の規準を定める2004年9月27日のアレテも参照

2004年デクレ **81**, 82 →予防考古学における行政と財政の手続に関する2004年6月3日のデクレも参照

《あ行》

アイゼンハワー、ドワイト・D 124

アイデンティティー 49, 104, 120

アーカンソー考古学協会 132

アーカンソー考古学調査 132

アシュモレアン美術・考古学博物館 **44**

明日香法 99 →明日香村における歴史的風土の保存及び生活環境の整備に関する特別措置法も参照

明日香村における歴史的風土の保存及び生活環境の整備に関する特別措置法 99

アソシアシオン **84**

アメリカ先住民インディアン 47, 119, 131-133

アメリカインディアン宗教自由法 39

アメリカ先住民墓所保護・返還法 39, **131**

アメリカの海外遺産保存委員会 39

アメリカ歴史的建物調査 **122**

アール・ヌーヴォー博 **104** →1900年万国博覧会も参照

池上四郎 108

イコム規約 **33**, 34

遺失物 22-23

　―法 5, **21**, 22-23

遺跡スチュワードプログラム **130**

遺跡調査会 12-13, **14**

遺跡の大量破壊 89, 94, 99

遺跡の発見 4, 17, **18**, 19, 72, 93

遺跡保護 57, 62, 65, 71-72, 74, 80, 87, 89, 119

　―行政 63, 72, 74-75, 80, 89

遺跡保存 18, 61, 89, 94, 97

伊場遺跡訴訟 95

遺物ハンター 38

イングランド歴史的建造物・遺跡委員会 **62-63**

イングリッシュ・ヘリテッジ **62**, 63-67

　―信託 **66**, 67

インディアン地 120, 122, 129-133

ヴィクトリア・アンド・アルバート博物館 **46**

ウィーン万国博覧会 **46**

エクセター 59

エリザベス1世 48

エリートインベスト社事件 **80**

エンデバー号 47

沿岸国の排他的権利 28, 85

大阪商科大学 105, **108**, 109

オスマン、ジョルジュ・ウジェーヌ **107**

　―大幹線 107

汚濁原因者負担 10-11

《か行》

外縁大陸棚 132

海外の文化遺産の保護に係る国際的な協力の推進に関する法律 5

海軍省 40, 47

海中考古学 85

海中文化財 **84-85**, 86-87

開発管理手続命令 65

開発計画許可 60-61, 63, 65

開発計画（指定建造物・保全地区）法 **63**

開発計画政策ガイダンス覚書16 **60**

開発補償 **61**

海洋基本法 31

海洋文化資源に関する 1989 年 12 月 1 日法
　73
価格償還　77
学芸員　35
学術調査　4, 74, 83, 91, 95
カサグランデ　119
ガービー・ジュニア、ロバート・R　126
合衆国対スマイヤー　121
合衆国対ディアス　121
カリフォルニア州対スミソニアン協会　42
カルコピノ法　73　→考古学発掘の規制に
　関する 1941 年 9 月 27 日法も参照
カルチャーフレンドリー　98
環境アセスメント　11
環境グルネル　**70**
　―の実施に関する 2009 年 8 月 3 日プログ
　　ラム法　**70**
環境省　62
環境庁　**62**
環境調査　83
環境のための国家投資に向けての 2010 年 7
　月 12 日法　**70**
岩窟住居　119
カンタベリー　59
関東大震災　106
官民連携　132
議員立法　1, 92
企業の社会的責任　98
記念物保護　2
キャプテン・クック　**46**, 47-48　→クック、
　ジェームズも参照
教育基本法　**33**, 34
驚異の部屋　**44**
協議整備区域　**80**
行財政改革　96
行政許可　86
行政指導　**11**, 12, 14, 95
記録保存　9, 61
金属探知機　60
近代博物館　44, 46

クック、ジェームズ　**46**, 47-48
クラウリー対スミソニアン協会　**41**
グルネル I 法　**70**　→環境グルネルの実施
　に関する 2009 年 8 月 3 日プログラム法も
　参照
グルネル II 法　**70**　→環境のための国家投
　資に向けての 2010 年 7 月 12 日法も参照
グレーターロンドン　**64**
グレード II 建造物　**63**, 64
景観法　5-7
下水道法　10-11
ケネディ、ジョン・F　124
原位置保存の原則　30
原因者負担　9-11, 80, 83, 96
ケンジントン宮殿　66
建築作品著作権保護法　39
建築的・都市的・景観的遺産保護地区　**88**
広域一貫スキーム　**73**
公益性　58, 78, 87
　―宣言　79
公園・庭園登録　**64**, 65
公開承認施設　**36**
航海法　48
公共工事　74, 96
　―コスト縮減対策に関する新行動指針　96
　―の実施によって私有財産に生じる損害に
　　関する 1892 年 12 月 29 日法　78
公共的開発事業者　10
考古遺産　33, 37, 70, **71**, 74, 83-84, 86, 89-
　91, **92**, 94, 96-99, **123**
　―法制　6-7, 33, 36-37, 39, 70-73, 87, 89,
　　91, 98-99, 122
　―保護のための欧州条約　71
考古遺跡　61, 77-78, 120, 123-124, 127-
　128, 133
考古学課　79-81
考古学区域　75
考古学作業　130, 133
考古学資源　43, 120-121, 123, 125, 129,
　131-133

考古学資源（つづき）
　—管理　130-132
　—法制　119, 132-133
　—保護法　39, 119, 121, **129**
考古学資料保護法　119, **127**
考古学調査　75, 120
考古学的事前調査　9-10, 18
考古学的利益　**129**, 131
考古学発掘　61, 81
　—に適用される国際原則に関する勧告
　　**122**
　—の規制に関する1941年9月27日法
　　73
考古学ブーム　89, 91, 94
考古行政　1
考古局　**123**
考古・歴史保存法　119, **127**
公施設　79
工事通知　**59**
公立博物館　**35**, 40, 43
　—の設置及び運営に関する基準　33, 36
郡山市埋蔵文化財発掘調査費用負担事件　14
国際記念物遺跡会議　**70**
国際人道法の重大な違反行為の処罰に関する
　法律　5
国際博物館会議　**33**
国土形成計画法　6, 89, 93
国宝　1-2, 36
　—保存法　**2**, 3, 92
国有財産　28, 75, 85
国有林システム　131
国立海事博物館　**48-49**
国立記念物　**120**
国立公園局　**121**
国立公園システム　131
国立大学法人法　36
国立登録地　**125**, 126, 128
国立博物館　40, 43-44
国立フィルム保存法　39
国立民族学博物館　36

国立野生生物保護区システム　131
国立予防考古学研究所　72, 79-81
国立歴史民俗博物館　36
国立歴史ランドマーク　**126**
　—およびアメリカ歴史的建物調査　122
国連海洋法条約　27-28
古社寺保存法　**1**, 2
古代遺跡　**57**, 58-60, 120
　—および考古地域法　**57**, 58-61
古代遺物　38, **120**, 121, 123
　—ビジネス　38
　—法　39, 42-43, 119, **120**, 121-122, 129,
　　133
国家環境政策法　39, **126**
国家文化遺産コレクション　**63**, 67
国家文化遺産法　**62**, 63
国家歴史保存法　39, 119, 121, **125**
コットン、ロバート　45
古都における歴史的風土の保存に関する特別
　措置法　5, 99
古都保存法　5, 99　→古都における歴史的
　風土の保存に関する特別措置法も参照
近衛篤麿　104
コミューン、県、州、国の権限の分配に関す
　る1983年1月7日法　**88**

《さ行》
西園寺公望　**105**
財産権　3-4, 14, 16, 18, 122
作業報告書の内容と体裁の規準を定める
　2004年9月27日のアレテ　82
サザビーズ　38
サックス、ジョセフ・L　38
佐野常民　46
産業都市　91
視覚芸術家権利法　39
試掘調査　**9**, 71, 75, 79-82
　—報告書　81-82
市場原理　14-15, 84
史跡（史蹟）　2, 6-7, 16, 18, 29, 91-92, 97-

98, 123, 125
—指定　16, 95
—の仮指定　18
—法　39, 119, **121**
史蹟名勝天然記念物保存法　**2**, 3, 17, 92
自然環境保全法　6, 10
自然系博物館　36
自然公園法　6, 10
自然資源　133
自然史博物館　41-42
事前協議　16, 96
事前届出　4
持続可能性　90-91, 98-99
持続可能な都市　90, 91
自治事務　90, 93-94
指定遺跡　**57-58**, 59-62, 65
—承認　**58**, 59
—（分類承認）命令　59
指定建造物　**63**, 64, 66
—承認　**63**, 64-65
指導スキーム　**73**
市民運動　89, 94
社会教育　34-35
—法　**33**, 34
州間幹線道路システム　124
州考古学課　**74**, 81
州考古学者　132
周知の埋蔵文化財包蔵地　12, **15**, 16-19, 92
重要考古地域　**59**, 60
重要美術品等　2
—の保存に関する法律　2-3
—保存法　2-3　→重要美術品等の保存に
　関する法律も参照
重要文化財　3, 36-37, 92
重要文化的景観　5-6
州立大学システム　40
州立博物館　**40**, 42-43
州歴史保存職員　132
—全国会議　**132**
受益者負担金制度　108

出土品　21-24, **25**, 26-27, 91
出土文化財　**25**, 26-27, 93, 131
ジュペ、アラン・マリー　72
主要歴史公園・庭園　65
商業的利用の禁止　30
ジョージ2世　45
ジョージ3世　47
人文博物館　36
水中文化遺産　28-29, **30**, 31, 71, 84-85, 87
—保護条約　**27**, 28-31, 84
水難救護法　22
ストーンヘンジ　58
スミソニアン協会　**40**, 41-43, 124, 132
スミソニアン評議会　41
スミソン、ジェームズ　40
住友春翠　**105**
スローン、ハンズ　**45**
關一　107-109
全国開発計画政策枠組み　**60**
全国考古学地図　74
全国考古学発掘協会　**72**
全国考古学プログラム　**128**
先史時代　75, 78, 119, **120**, 127
戦跡登録　65
総合博物館　36
損害賠償訴訟　12, 77
損傷負担金　10

《た行》
大英博物館　**44**, 46
—法　44-45　→ハンズ・スローン卿の博
　物館あるいはコレクションとハーリー文
　庫写本コレクションを取得し、前記コレ
　クションとコットン文庫および追加分を
　より良く受け取り、より便利に利用する
　ための公立博物館を提供するための法も
　参照
大大阪　104-105, **107**, 108-109
—記念博覧会　106, **107**
大学共同利用機関法人　36

153

大学博物館　44
大規模開発　94
タイタニック号　28-29, 84
大東京　109
多国間協定　29
短期的な公用占用　**78**
探検航海　46-48
地域における歴史的風致の維持及び向上に関
　する法律　5, 7, 99
チェスター　59
地方分権　73, 75, 90, 96
　――括法　90, 93
　――法　**88**　→コミューン、県、州、国の
　　権限の分配に関する1983年1月7日法
　　も参照
チャコキャニオン　119
中央集権　73, 75, 87, 89
調査費用負担　9-12, 14
鳥獣の保護及び管理並びに狩猟の適正化に関
　する法律　6
鳥獣保護管理法　6　→鳥獣の保護及び管
　理並びに狩猟の適正化に関する法律も参照
貯水池救出法　119, **124**, 127
珍品陳列室　**44**
沈没品　22
テネシー川流域開発公社　129
伝統的建造物群　5-7, 92
　――保存地区　5-6, 97
伝統的利用　133
伝統文化財　125
天然記念物と芸術的・歴史的・科学的・伝説
　的・絵画的性質をもつ遺跡の保護の再整理
　に関する1930年5月2日法　88
天王寺公園　105, 107
土居通夫　104
東京国立博物館　**46**
東京市区改正条例　**106**
盗掘　60, 91, 95, 123
登録制度の課題　**35**
登録博物館　**35**

特別重要歴史公園・庭園　65
特別都市計画法　106
特別補償金　77
特別歴史公園・庭園　65
都市化　6, 90
都市計画道路　6, 91, 97
都市計画法　5-6, 70, 91, 99, **105**, 106
　――制　98-99, 104, 106, 109
　――典　**70**, 72-73, 83, 87, 89
都市計画ローカルプラン　**73**
都市公園　98, 105
都市大改造計画　107
都市田園計画法　**60**
都市の連帯と刷新に関する2000年12月13
　日法　**70**
図書館法　33-34, 45
　――制　**33**
土地管理局　43, 132
土地所有権　14, 38
土地占用プラン　**73**
土木工事　4, 12-13, 15-16, 22-23, 58-59,
　93, 95
ドメニチ、ピート　121
トラファルガー海戦　49

《な行》
内国勧業博覧会　**104**, 105
ナショナル・トラスト　62, **65**, 132
　――法　**65**
ナチュラル・イングランド　**62**
ナポレオン3世　107
難破船法　39
日本万国博覧会　109
日本文化財保護協会　**14**
ニュータウン造成　94, 99
ネルソン、ホレーショ　**49**
野村徳七　109

《は行》
破壊者＝支払者原則　83

索 引

博物館コレクション　41, 48
博物館システム　40
博物館資料　27, 35, 37-38
博物館相当施設　**35**
博物館法　**33**, 34-36, 39, 45
　—施行規則　**33**, 35
　—制　**33**, 36, 39-40
博物館類似施設　**35**
発掘許可　**75**, 76-77, 86
発掘調査費用　9, 11-12, 14, 71, 89, 91, 94-96
発掘調査報告書　26, 80-81
発掘調査民営化　73
ハドリアヌスの防壁　58
ハーリー、エドワード　45
ハーリー、ロバート　45
パリ大改造　107-108
パリ万国博覧会　46, **104**, 105, 109
バロン住友　**105**　→住友春翠も参照
万国博覧会　**46**, 104-105, 109
ハンズ・スローン卿の博物館あるいはコレクションとハーリー文庫写本コレクションを取得し、前記コレクションとコットン文庫および追加分をより良く受け取り、より便利に利用するための公立博物館を提供するための法　44-45
東インド会社　48
ヒストリック・イングランド　58, **66**, 67-68
ヒストリック・ロイヤルパレス　**65**
漂流物　22, 85
ビンガマン、ジェフ　121
複合遺跡　98
福原輪中堤訴訟　95
府中市埋蔵文化財発掘調査費用負担事件　**12**
フランス建物建築家　**88**
フランスの歴史的・美的な遺産の保護に関する法を補完し、不動産修復を促進するための1962年8月4日法　**88**, 89

ブリュッセル万国博覧会　105
武力攻撃事態等における国民の保護のための措置に関する法律　5
武力紛争　7, 90
　—の際の文化財の保護に関する法律　5
文化遺産法制　39
文化遺産法典　72, **73**, 74-87
文化遺物　61, 119, 127, 129-130
文化財指定制度　1
文化財の不法な輸出入等の規制等に関する法律　5
文化財保護委員会　3, 10
文化資源　122, 126-127, 130, 133
文化庁　**3**, 9, 18, 25-26, 91, 96-97
　—長官　4, 10, 23, 26, 36-37, 90, 93, 95
文化的景観　5-7, 92, 127
文化・メディア・スポーツ省　**62**
ヘリテッジ2020　68
ベル・エポック　**104**
ヘレフォード　59
貿易航海　48
報償金　24
封土権　132
法隆寺金堂　1, 92
報労金　23
保護と利用ジレンマ　37, 91, 97-98
保存と活用　3, 7, 25, **37**, 96-98

《ま行》

埋蔵物　3, **21**, 22-23, 27, 92
埋蔵文化財行政　21, 90, 92-93, 96
埋蔵文化財センター　24
まちづくり　5, 7, 97, 99
マルタ条約　71　→考古遺産保護のための欧州条約も参照
マルロー法　**88**, 89　→フランスの歴史的・美的な遺産の保護に関する法を補完し、不動産修復を促進するための1962年8月4日法も参照
マレ保全地区　89

155

ミズーリ川流域プログラム　124
見積もり補償金　77
御堂筋　108
ミュージアム　49, 104
民間調査機関　14
民間博物館　40, 43-44
無形文化遺産保護条約　90
無形文化財　3, 36, 92
無主物　21-22, **24**
　　―先占　24
明治維新　1
メサヴァード　119
メトロポリス　**107**, 109
モス・ベネット法　127　　→ADPA も参照
モラン - ドゥビレー、ジャクリーヌ　**72**
文部科学大臣　6, 35-36
文部省博物館　**46**

《や行》

有形文化財　1-3, 36, 92
ユーダル、モーリス　121
ユネスコ　**27**, 33, 84, 90, 122-123
　　―勧告　122
　　―世界遺産　28, 49, 85
　　―世界遺産委員会　69
　　―世界遺産条約　90
　　―世界文化遺産　70
ヨーク　59
予測的アプローチ　74
予防考古学　70, **71**, 72, 74, 79-80
　　―国家基金　**83**
　　―作業　74, 79
　　―における行政と財政の手続に関する
　　　2004 年 6 月 3 日のデクレ　**81**, 82
　　―に関する 2001 年 1 月 17 日法　**70**, 71-
　　　72
　　―に関する 2001 年 1 月 17 日法を修正す
　　　る 2003 年 8 月 1 日法　**71**, 72-73, 79-
　　　80
　　―納付金　72, 83-84

《ら行》

濫掘　91, 94
ランドマーク法　121　　→HSA も参照
陸軍工兵隊　124
流域救出プログラム　122, **124**
歴史記念物　**75**, 76, 78-79, 89
　　―と工芸品の保護に関する 1887 年 3 月 30
　　　日法　**75**
　　―に関する 1913 年 12 月 31 日法　**88**, 89
　　―保護法　**88**, 89　　→歴史記念物に関す
　　　る 1913 年 12 月 31 日法も参照
歴史公園・庭園　**64**, 65
歴史的環境についての PPS5 開発計画　**60**
歴史的建造物　63-67
歴史的財産　121, 125
歴史的地区環境整備街路事業　97
歴史的風致　7, **99**
歴史保存諮問委員会　**125**
歴史保存のためのインセンティブ税　39
歴史まちづくり法　5, 7, **99**　　→地域におけ
　　る歴史的風致の維持及び向上に関する法律
　　も参照
歴みち事業　97　　→歴史的地区環境整備街
　　路事業も参照
連帯　73
連邦法実施訓練センター　**130**
ロイヤル・ミュージアムズ・グリニッジ　49
ローズ座跡　**61**, 62
ローズ座信託会社の申立てによる女王対環境
　　国務長官判決　**61**
ロデズ事件　**72**
ロンドン塔　58, 66
ロンドン万国博覧会　**45-46**

# 初出一覧

**第 1 章**
1、2　書き下ろし
**第 2 章**
1、2、3　書き下ろし
**第 3 章**
1、2　書き下ろし
3　「水中文化遺産の保護法制をめぐる動向」滋賀県立大学・大阪市立大学
　　共催アントレプレナーシップ研究会報告（2017 年 9 月 2 日）
**第 4 章**
1、2、3　書き下ろし
**第 5 章**
1　「イギリスの考古遺産法制と都市計画―イングリッシュ・ヘリテッジに
　　着目して」『創造都市研究 e』第 12 巻 1 号（大阪市立大学大学院創造
　　都市研究科電子ジャーナル http://creativecity.gscc.osaka-cu.ac.jp/
　　ejcc、2017 年）
2　「日仏の考古遺産法制と都市計画」『行政法研究』第 15 号（信山社、
　　2016 年）
3　「大大阪時代の都市計画法制と大阪商科大学」『大阪市立大学史紀要』
　　第 10 号（2017 年）
**第 6 章**
1、2　書き下ろし
**資　料**
「Rebuilding a cultural heritage law system that can cooperate with
　sustainable city planning」Abstracts Theme 1-Archaeology and
　Development, WAC-8 KYOTO: The Eighth World Archaeological
　Congress, Kyoto August 28th-September 2nd, 2016（世界考古学会議第 8
　回京都大会実行委員会、2016 年 8 月 28 日）
「Rebuilding a cultural heritage law system that can cooperate with
　sustainable city planning」世界考古学会議第 8 回京都大会（WAC-8
　KYOTO）報告（2016 年 9 月 1 日）

■著者紹介

## 久末 弥生（ひさすえ やよい）

1972 年生まれ
早稲田大学法学部卒業
早稲田大学大学院法学研究科修士課程修了
北海道大学大学院法学研究科博士後期課程修了、博士（法学）
フランス国立リモージュ大学大学院法学研究科正規留学
アメリカ合衆国テネシー州ノックスビル市名誉市民
現在、大阪市立大学大学院創造都市研究科教授

［主要著書・訳書］
『アメリカの国立公園法―協働と紛争の一世紀』（北海道大学出版会、2011 年
　　／大阪市立大学学友会顕彰 2011 年度優秀テキスト賞受賞）
『フランス公園法の系譜』（大阪公立大学共同出版会、2013 年）
『現代型訴訟の諸相』（成文堂、2014 年）
『クリエイティブ経済』（ナカニシヤ出版、2014 年、共訳）
『都市計画法の探検』（法律文化社、2016 年／第 25 回国際公共経済学会学会賞
　　受賞）

**考古学のための法律**

●————2017 年 12 月 20 日　第 1 版第 1 刷発行

著　者——久末弥生
発行者——串崎　浩
発行所——株式会社 日本評論社
　　　　　〒170-8474　東京都豊島区南大塚 3-12-4
　　　　　電話 03-3987-8621（販売）-8601（編集）
　　　　　https://www.nippyo.co.jp/　　振替 00100-3-16
印刷所——平文社
製本所——難波製本
装　幀——神田程史
検印省略　©Yayoi HISASUE 2017
ISBN978-4-535-52300-5　　　　　　　　　　　　　　Printed in Japan

JCOPY 〈(社) 出版者著作権管理機構 委託出版物〉
本書の無断複写は著作権法上での例外を除き禁じられています。複写される場合は、そのつど事前
に、(社) 出版者著作権管理機構（電話 03-3513-6969、FAX 03-3513-6979、e-mail: info@jcopy.
or.jp）の許諾を得てください。また、本書を代行業者等の第三者に依頼してスキャニング等の行為に
よりデジタル化することは、個人の家庭内の利用であっても、一切認められておりません。